# 오페라와 함께하는 사회탐구

**일러두기**

· 각 장에 소개된 오페라는 QR코드를 통해 동영상으로 감상할 수 있습니다. 플랫폼 특성상 재생 오류가 생길 수 있으며, 이 경우 검색을 통해 대체 영상을 찾아보시기를 권합니다.

# 오페라와
# 함께하는 사회탐구

이영숙 지음

문화와 예술을
가로지르는
세계사 수업

다른

# 역사와 문화를 품은 오페라 이야기

맙소사, 오페라와 세계사라니! 싶은 친구들이 있을지 모르겠습니다. 방대한 세계사만 해도 머리가 아픈데, 고색창연한 서양 귀족 놀이 같은 오페라까지 엮다니 너무한 거 아니냐는 원망 섞인 목소리가 들려오는 듯도 싶네요.

하지만 여러분은 이미 오페라에 익숙해져 있을지도 모릅니다. 오페라의 선율은 우리 일상 속에 꽤 깊숙이 들어와 있거든요. 결혼식 때 신부 입장과 함께 울리는 〈결혼행진곡〉이나, 스포츠 경기장에서 트럼펫 소리 낭랑하게 울리는 〈개선행진곡〉도 오페라 곡이고요, 영화나 드라마는 물론 커피나 자동차 같은 제품 광고에도 다양한 오페라 곡이 등장하지요. 그러니 생소할 거라는 선입견은 잠시 내려놓으셔도 될 거예요. 이 책에서는 오페라 열네 편을 보면서 세계사와 문화사에 관련된 이야기를 나눠 보려 합니다.

오페라의 역사는 400년이 넘는 데다 르네상스 시대의 재생·부활

정신을 알아보려면 고대 그리스 시대까지 거슬러 올라가야 하니, 오페라를 살펴보면 꽤 방대한 세계사를 공부할 수 있습니다. 게다가 오페라가 주로 이탈리아와 프랑스, 독일을 중심으로 융성했기 때문에 오페라를 보면 그간의 유럽 역사를 알 수 있지요. 이 책에서는 특히 영국 튜더왕조 시대의 이야기와, 독일·이탈리아·스위스의 독립운동 과정을 상세히 다뤘습니다.

그렇다고 유럽의 역사와 문화만 다룬 것은 아닙니다. 중국 북경을 무대로 하는 〈투란도트〉와 일본을 배경으로 하는 〈나비 부인〉과 같은 오페라도 있어서, 동양 문화에 매혹된 서양의 시각이 담긴 시누아즈리와 자포니즘에 관한 이야기도 나눌 수 있습니다. 이렇듯 각 오페라에 담긴 재미난 이야기와 함께 원본이 된 소설, 희곡, 창작 배경 등과 관련된 이야기가 흥미롭게 섞여 있어 지루하지 않게 책장을 넘길 수 있을 거예요.

각 장의 도입부에 있는 QR 코드를 통해 오페라를 감상할 수도 있습니다. 혹시 제대로 작동하지 않거나 다른 오페라 가수의 목소리 또는 다른 연출가의 시선으로 감상하고 싶다면 오페라나 아리아 제목을 검색해 보세요. 오랜 세월에 걸쳐 걸러진 오페라 곡들은 검증된 보석과 같습니다. 이 책에서 다루는 오페라 곡에 귀 기울이며 세계사 속으로 빠져들어 봅시다. 각 작품에 담긴 내용은 무엇인지, 어떤 배경과 역사를 담고 있는지 궁금하지 않나요?

그리고 가끔은 직접 공연장을 찾아보시길 권합니다. 수요가 있는 곳에 공급이 있기 마련이라 많은 사람이 공연장을 찾을수록 더 수준 높은 오페라 작품이 무대에 오를 수 있거든요. 날씨가 춥지 않은 계절, 토요일 저녁이면 예술의 전당 야외 시설에서 무료로 공연 녹화본을 상영할 때도 있고 일부 영화관에서도 해외의 오페라 공연 녹화본을 비교적 저렴한 가격으로 보여 주기도 합니다.

오페라와 세계사를 접목하는 책을 쓰겠다고 덤벼들었지만, 이 책을 내기까지 적지 않은 시간과 노력이 들었습니다. 배경지식도 쌓아야 하고 오페라 실황을 찾아보고, 오페라의 대본도 봐야 할 뿐만 아니라 작품의 원작이 되는 소설이나 희곡도 찾아서 봐야 했거든요. 원작과 오페라의 차이점, 작곡가나 오페라 가수 개개인의 전기도 찾아 읽어야겠더군요. 나라별로 언어가 달라서 등장인물들의 이름도 다르고 드레스덴 버전과 파리 버전의 〈탄호이저〉 서곡이 있을 때는, 어느 버전의 곡을 위주로 이야기를 끌어갈 것인가도 고민이 되었고요. 게다가 오페라 속의 세계사 이야기가 진실인가 아닌가의 진위도 가려내 청소년의 눈높이에 맞춰 이야기해야 했지요. 꽤 많은 시간과 노력이 들었지만 뒤돌아 생각하니 힘들기만 한 건 아니었습니다. 덕분에 좋은 아리아들을 감상하면서 오페라와 세계사 공부를 많이 한 것 같아 만족합니다. 여러분도 책을 보시면서 정보든 재미든 감동이든, 많이 누리실 수 있기를 바랍니다.

글을 맺기 전에 잠시 인사드릴 분이 있습니다. 글 쓰는 내내 응원해 주시고 부족한 점을 친절하게 짚어 주신 다른출판사에 감사드립니다. 그리고 "글 안 쓴 지 3년 된 작가"라고 놀리던 제 아들 녀석과 제 책을 기다려 준 독자분들에게도 감사의 인사를 전하고 싶습니다. 이 책이 그분들의 기대에 어긋나지 않길 바랍니다.

차례

## 7장 유럽, 동양에 매혹되다

# 1장

◆◆◆

# 바로크 시대,
# 오페라의 탄생

# Euridice

# 결혼 축하연은
# 오페라지!

〈**에우리디체** Euridice 〉 1600

**야코포 페리** Jacopo Peri, 1561-1633
**줄리오 카치니** Giulio Caccini, 1550?-1618

페리와 카치니의 오페라〈에우리디체〉는 오늘날까지
전해지는 최초의 오페라로 알려져 있다. 1600년 르
네상스 시대의 끝자락에 이탈리아 피렌체에서 만들
어진 이 오페라는 우선 선율이 곱다. 열 명 안팎의 연
주자로 이뤄진 소규모 오케스트라가 류트와 하프시
코드 등의 소박한 초기 악기들로 반주를 깔았다. 수
수한 악기 음에 기교를 부리지 않은 채 부른 단조로
운 음악극이다.

인공 조미료를 넣지 않은 음식처럼 처음부터 확 끌어
당기는 화려한 맛은 없지만, 곱씹으면 자극적이지 않
고 담백한 맛을 느낄 수 있다.

## 오페라, 탄생하다

오페라opera는 '작품'이라는 뜻의 라틴어 오푸스opus에서 유래되었다. 오케스트라의 반주에 맞춰서 노래하지만 시나 노래뿐 아니라 춤과 행위, 무대장치와 무대의상, 조명, 분장 등 다양한 요소가 어우러진 종합예술을 일컫는다. 르네상스 시대에서 바로크 시대로 막 넘어가는 1600년경 이탈리아에서 탄생한 것으로 알려진 오페라. 오페라는 어떻게 시작되었을까?

시간을 거슬러 올라가 오페라의 역사를 이야기할 때면 항상 오래전에 있던 작은 모임으로 시작하곤 한다. 이 모임은 지금으로부터 450여 년 전에 이탈리아 피렌체에서 만들어진 플로렌틴 카메라타Florentine Camerata다. 카메라타는 '작은 방'이라는 뜻으로, 오늘날의 음악 동아리나 스터디 모임과 비슷하다. 바르디 백작이 이끌고 음악을 사랑하는 귀족과 전문적인 음악가로 이뤄진 이 모임에는 메디치가

의 궁전에서 일하던 음악가와 피
렌체에서 활동한 시인도 있었다.

**바로크** baroque

17세기 초부터 150년 동안 유럽에 유
행한 예술 양식. '일그러진 진주'라
는 뜻의 포르투갈어 바로코 baroco에
서 유래했다.

그들은 정해진 때마다 모여서
뭘 했을까? 머리를 맞대고 궁리
한 것은 음악과 연극이었다. 르네
상스 시대의 끝자락이자 바로크 시대의 시작쯤 되던 그 시기에 문학
이나 회화 등 다양한 문화나 예술이 부활과 재생을 시도하고 어느 정
도 흡족한 결과물도 내놓은 데 비해, 음악과 연극은 그러지 못했다
고 생각했기 때문이었을 것이다. 그들은 음악과 연극에 관한 한 종교
관련 극인 성가극 외에는 암흑기였던 중세를 뛰어넘어 고대 그리스
비극에 관심을 두고 그것을 흉내 내면서 음악을 더한 새로운 공연 예
술을 재창조하려고 애썼다. 그 결과로 탄생한 새로운 형식이 바로 오
페라다.

오페라는 연극과 달리 노래로 공연되며, 음악은 극의 분위기를
살리고 줄거리를 간결하고 설득력 있게 만든다. 고대 그리스비극에
서 소재를 따서 무대에서 공연했지만, 처음부터 끝까지 모두 노래로
구성되는 점이 달랐다. 등장인물의 마음 상태를 드러낼 때는 선율이
분명한 아리아를 부르지만, 그 외의 이야기 전개나 정보 전달을 할
때는 대사를 하는 대신 단조로운 선율로 노래 부르듯 하는 레치타티
보recitativo를 사용하는 것이 새롭게 개발된 양식이었다. 고대 그리스

의 비극을 당대의 흐름에 맞게 창의적으로 부활시킨 것이다.

그렇게 만들어진 최초의 오페라는 야코포 페리가 만들어 1597년 발표한 〈다프네Dafne〉로 알려졌다. 하지만 악보가 남지 않은 까닭에 지금까지 악보가 남아 있는 가장 오래된 오페라 작품은 〈에우리디체〉다. 에우리디체는 이탈리아어고, 독일어로는 에우리디케다. 오르페오라는 이탈리아어가 그리스어로는 오르페우스가 되는 것과 마찬가지다.

## 결혼식을 빛낸 오페라

르네상스와 바로크 시대에는 축제가 중요한 기능을 했다. 왕과 귀족의 권력과 부를 자랑하는 도구였기 때문이다. 이탈리아에서 '페스타축제'라는 말은 사치스러운 궁정의 오락과 대중적 볼거리, 화려한 시가행진을 두루 뜻했다. 왕의 대관식이나 왕족의 결혼식은 말할 것도 없고 왕이 회담할 때나 군대가 전쟁에서 크게 이기고 돌아올 때, 중요한 건축물의 완공을 축하하는 낙성식에도 축제를 열었다. 그리고 축제에 빠져서는 안 될 즐길 거리로 연극이나 무도회, 음악회 등이 있었다.

현존하는 최초의 오페라 〈에우리디체〉도 결혼 축하연에서 상연되었다. 1600년 메디치가의 딸인 마리 드 메디시스와 프랑스 왕 앙리 4세의 결혼식 때였다. 메디치가의 의뢰로 페리와 카치니가 공동으로 작곡했다. 작곡가가 둘인 것이 좀 의외겠지만 거기에는 사정이 있다.

1599년 페리가 메디치 궁전에서 작곡가로 일하게 되었는데, 그곳에 테너이자 반주자인 작곡가 카치니가 있었다. 페리가 먼저 그리스 신화 '오르페우스와 에우리디체'에서 이야기를 따서 작곡을 끝냈는데, 뒤에 카치니가 자신의 제자들이 노래하는 부분에 들어갈 곡 몇 개를 직접 작곡하기 원했다. 이에 페리가 선배인 카치니의 요구를 받아들여, 공동 창작으로 오페라 〈에우리디체〉가 탄생한 것이다.

〈에우리디체〉는 1600년 6월 6일 피렌체에서 가장 크고 호화로운 피티 궁전에서 처음 상연되었다. 오늘날의 오페라처럼 대규모 오케스트라단이 함께하거나 스케일이 크고 화려한 형태는 아니었고, 류트와 하프시코드 몇 대가 무대 위에서 반주하는 단순한 형태였다. 류트는 기타와 비슷한 초기의 현악기고, 하프시코드는 피아노의 옛날 형식이라고 보면 된다.

앙리 4세는 1년 전에 이혼하고 이날 재혼했다. 첫 결혼 상대는 앙리 2세와 카트린 드 메디시스의 딸인 마르그리트 드 발루아였는데, 훗날 '마고여왕'으로도 불린 인물이다. 프랑스에 구교도와 신교도 사이의 격렬한 갈등을 무마하기 위해 이뤄진 결혼이었다. 애정 없는 정략결혼을 해야 했던 마르그리트는 구교도였고 앙리는 신교도였다. 얼마나 마음이 없었는지 혼인 서약을 위한 물음, '신부는 신랑을 맞아 한평생 희생하고 사랑하며 살겠습니까?'라는 말에 신부는 대답도 하지 않았다고 한다.

게다가 결혼식 직후에 '성 바르톨로메오 축일의 대학살'이 일어나 위그노, 즉 프랑스의 신교도 수만 명이 목숨을 잃었다. 오랜 우여곡절을 겪은 끝에 앙리 4세가 낭트칙령을 반포함으로써 구교도와 신교도의 갈등이 조금 완화되었으나 완전한 해결책은 되지 못했다. 이후로도 두 사람은 혼외 애정 행각으로 서로에게 상처만 남기다 이혼했다.

앙리 4세의 두 번째 신부, 마리의 모습이 궁금하다면 어렵지 않게 볼 수 있다. 파리의 루브르박물관에는 마리를 그린 커다란 그림 21점이 방 하나를 가득 채우고 있다. 결혼식 모습은 물론이고 앙리 4세가 결혼 전에 마리의 초상화를 보고 있는 모습, 마리가 마르세유에 도착한 모습 등 그녀의 일생에 의미 있다고 보이는 사건은 모두 그림으로 그려 전시해 놓았다. 오늘날 유명 인사의 선전물이나 홍보물을 기록사진 형태로 전시한 모양새와 비슷하다. 그림만 본다면 엘리자베스 1세나 빅토리아 여왕보다 훨씬 더 유명한 여성으로 착각할 만하다. 도대체 마리를 그린 작품은 왜 이리 많을까?

그건 유명세나 그녀가 이룬 치적이라기보다는 돈의 힘이다. 마리는 화가 페테르 루벤스에게 많은 돈을 주고 자신을 그려 달라고 의뢰했고, 덕분에 지금까지 그녀의 모습이 많이 남은 것이다. 마리는 1615년 친정집이자 자신의 결혼식장이던 피티 궁전과 닮은 뤽상부르 궁전을 파리에 지은 뒤 한동안 그곳에 머물렀다. 루벤스가 그린

〈마리 드 메디시스의 생애〉연작도 뤽상부르 궁전에 전시했는데, 그녀가 죽은 뒤 그림은 루브르박물관으로 옮겨졌다.

## 신화 속 오르페우스와 에우리디체

〈에우리디체〉는 어떤 작품이었을까? 에우리디체는 그리스신화에 나오는 오르페우스의 아내다. 위대한 음악가이자 리라 연주자인 오르페우스는 아르고 원정에서 돌아온 뒤 나무의 요정<sub>물의 요정이라고 기록된 책도 있다</sub> 에우리디체를 보고 첫눈에 반해 결혼하지만, 행복은 길지 않았다. 들판을 거닐던 에우리디체가 뱀에게 발꿈치를 물리면서 독이 퍼져 갑작스레 죽음을 맞은 것이다. 죽은 에우리디체를 안고 슬퍼하던 오르페우스는 아내를 찾기 위해 저승으로 갈 결심을 한다.

갖은 고생 끝에 저승에 도착한 오르페우스는 눈물을 흘리며 노래를 불렀고, 이에 감동한 저승의 신 하데스는 에우리디체를 오르페우스와 함께 돌려보내기로 한다. 단 한 가지 조건이랄까 금기가 제시된다. 저승을 벗어나 땅 위에 완전히 도착할 때까지는 절대로 뒤돌아보면 안 된다는 것. 이쯤이면 결과는 불 보듯 뻔하다. 이런 금기며 조건은 깨라고 만들어진 것이니 말이다.

오르페우스도 뒤를 돌아보고야 만다. 이승이 코앞에 다가왔을 때였다. 고요하고 어두운 오르막길을 한참 올라왔는데 뒤에서 아무 소리도 들리지 않자, 오르페우스는 아내가 혹시 쓰러진 건 아닐까 걱정되어 자기도 모르게 뒤돌아본 것이다. 그 순간 에우리디체는 몸의 절반쯤이 지하에 있었다. 결국 에우리디체는 다시 저승으로 떨어지고 말았다.

그 모든 모험과 노력을 뒤로하고 다시 트라키아로 돌아온 오르페우스는 어떤 여성도 가까이하지 않고 슬픔 속에 세월을 보낸다. 아내의 죽음을 두 번이나 겪고 나서, 다시는 여성을 가까이하지 않겠다고 맹세했기 때문이었다. 그런데 트라키아 여인들은 오르페우스가 자신들을 업신여긴다고 생각해 앙심을 품어서 오르페우스를 갈가리 찢어 죽인다. 그리고 시체는 리라와 함께 강물에 던져져 강물을 따라 바다로 떠내려간다.

판본에 따라 어머니 칼리오페와 여동생 뮤즈 여덟 명이 시신을 수습해 무덤에 묻었다는 내용이 들어가기도 하고, 제우스가 오르페우스의 리라를 하늘로 올려 거문고자리라는 별자리를 만들었다는 이야기가 덧붙기도 한다.

이러한 그리스신화를 아는 사람이 오페라를 보면 의아해질지도 모른다. 오르페우스가 잔혹하게 죽임당하는 내용이 오페라에는 없어서다. 왜 비극적인 부분을 도려내고 결말을 바꿨을까? 〈에우리디체〉는 앙리 4세와 마리의 결혼을 축하하는 자리에서 처음 상연된 오페라였기 때문이다. 그 목적에 들어맞도록 비극적인 원작의 결말을 사랑하는 남녀의 행복한 결말로 바꾼 것이다. 상상해 보라. 결혼

축하 공연을 하는데 사랑하는 남녀가 비극적으로 죽는 내용이면 분위기가 얼마나 난감할까? 그러니 '죽음도 초월한 부부의 사랑'이라는 주제에 걸맞도록 '둘은 영원히 함께 행복하게 지냈대요'로 훈훈하게 끝을 맺은 것이다.

한편 이렇게 초기 오페라에 그리스신화가 담긴 이유는 앞서 말했듯 오페라를 처음 개발할 때부터 그리스 연극의 맥을 잇는 예술을 만들려고 했기 때문이었다. 굳이 그리스 연극을 계승하려 한 이유를 알려면 고대 그리스의 연극이 어떤 형태로 향유되었는지 살펴봐야 한다.

## 1,000년을 뛰어넘은 그리스비극

아테네의 최전성기인 BC 5세기경에는 연극도 물이 오를 대로 올랐다. 지중해성 기후로 온화한 날씨에 맑은 날이 많은 아테네의 아크로폴리스에는 매년 3월이면 디오니소스 축제가 열렸고 연극이 공연되었다. 연극을 관람하기 위해 7,000명이 넘는 관중이 모일 만큼 인기 있는 국가 행사였다.

연극제는 극작가 3인 또는 5인이 경쟁하는 형식이었다. 작가가 예선을 통과하면 각각 돈 많은 사람을 붙여 줘서 연극 상연을 위한 비용을 전부 부담하게 했다. 합창단을 편성하고 의상을 준비하는 것도 부자의 몫이었다. 작가는 글만 쓰면 되었냐고? 그건 아니었다. 합창단을 훈련하고 배우의 연기를 지도해야 했으며, 작곡까지 하는 등 연출 전반을 책임졌다. 그렇게 만들어진 연극을 심사위원 다섯 명이 평가해 순위를 매겼으니, 최고의 극작가로 뽑히는 것은 아주 명예로운 일이었다. 소포클레스와 에우리피데스 등이 당시에 활동한 극작가다.

배우는 남성만 할 수 있었는데, 엄격한 시험을 거쳐 뽑혔다. 그들은 염색한 삼베에 진흙을 발라서 굳힌 가면이나 나무로 만든 가면을 쓰고 공연했는데 가면의 입 부분은 크게 뚫어 놓았다. 마이크도 메가폰도 없이 육성으로만 대사와 가사를 전달해야 했기 때문이다. 관객은 암석으로 만든 부채꼴의 계단식 자리에 앉아 공연을 관람했는데, 뒷자리에 앉은 관객에게도 잘 보이게끔 배우들은 과장된 표정의 가면을 쓰고 굽 높은 반장화를 신은 채 연기했다. 이러한 그리스 연극의 전성기는 BC 3세기경까지 이어지면서 고대극의 전통이 되었다. 그리고 로마를 거쳐 서유럽 전체에 퍼져 유럽 연극의 기본이 되었다.

카메라타 구성원들이 오페라를 만들 때 가장 고민한 점은 음악과 연극의 결합, 즉 음악적 부분과 문학적 부분을 결합하는 일이었다. 복잡하고 빠른 데다 깊이 있는 문학적 내용을 노래로만 전달하기는 어려웠다. 그래서 문학이 앞서는 부분은 레치타티보로 전하는 방식을 만들어 냈다. 레치타티보 부분에서는 오케스트라 음향을 없애고 극의 내용을 전하기에, 멜로디가 단순하고 재미가 덜한 대신 가사가 또렷이 들린다. 그러므로 연극적으로 중요한 이야기가 진행되는 부분임을 알 수 있다.

중세 시대 자그마치 1,000년 동안 신 아래 납작 엎드려 있던 인간들은 르네상스 시대를 맞아 맘껏 기지개를 켠다. 그리스·로마 시대의 복고를 통해 인간 중심의 문화가 성장하면서 고대 그리스의 연극은 오페라에 많은 영향을 끼쳤다.

고대 그리스인은 다신교를 믿었다. 최고의 신 제우스, 그의 아내이자 결혼의 여신 헤라, 바다의 신 포세이돈, 전쟁의 신 아레스, 음악과 약과 예언의 신 아폴로, 지혜와 수공예의 여신 아테나, 농장과 곡식의 여신 데메테르, 저승의 신 하데스 등 여러 신의 이야기를 공유했다.

그리스인은 신들이 그리스 북쪽에 있는 올림포스산에 산다고 믿었다. 가까이 할 수 없는 힘을 가진 신들이기는 해도 전지전능하거나 결점이 없는 존재는 아니라고 여겼다. 또한 사람을 두렵게 하는 존재가 아니라 인간처럼 기쁨과 슬픔을 겪는 존재로 생각했다. 마치 그리스인이 일상에서 만나는 아주 부유한 그리스 귀족 정도로 말이다. 이러한 신들의 이야기는 시와 연극에서 이야기되고 변형되어 널리 퍼졌다. 17세기 무렵 이탈리아를 중심으로 나타난 오페라에서도 마찬가지로 그리스신화를 즐겨 다뤘다.

카메라타 회원도 음악에서의 르네상스를 꿈꾸던 사람들이었다.

1,000년이나 이어진 중세를 뛰어넘어 고대 그리스 시대에 융성했던 그리스비극을 되살리고자 했던 르네상스 정신으로, 그리스신화에 주목했다. 인간 중심의 고대 그리스 연극에서 인문학과 예술에 대한 오랜 갈증을 풀어 낼 해답을 찾아, 마침내 싹을 틔우고 꽃을 피웠다.

## 르네상스 시대의 명문 메디치가

재생과 부활을 의미하는 '르네상스' 시대는, 중세가 지나고 13세기에서 17세기에 이르는 시기를 이른다. 르네상스가 화려하게 꽃핀 곳은 단연 이탈리아의 피렌체로, 카메라타 모임이 생긴 곳이기도 하다. 왜 하필 피렌체였을까? 당시 그곳을 지배한 메디치가에서 답을 찾아 보자.

메디치 가문이 역사상 의미 있는 가문이 되기 시작한 것은 조반니 데 메디치가 1397년 메디치 은행을 설립하면서부터다. 조반니는 은행에서 일하면서 금융업이 무척 안정적이며 돈 되는 사업이라는 것을 깨달았다. 신 중심, 교회 중심으로 이뤄졌던 중세는 경제도 예외가 아니어서 가장 큰 자본가는 교황청에 있었다. 교황은 신권을 바탕으로 유럽 각국의 왕과 영주로부터 십자군 대장정의 자본을 보관하고, 유통하고, 빌려주는 권한을 가졌다. 금은은 가지고 다니기 무겁고 뺏길 위험도 있었기에 메디치 은행에 맡기고 증서를 받은 다음 그것을 유럽에 있는 다른 메디치 은행 분점에 가서 보여 주면 그만큼의 금은을 받을 수 있었다.

조반니는 은행을 세운 뒤 로마, 피렌체 등으로 그 영역을 확대했고 교황청 재산을 관리하면서 재산을 늘려 갔다. 은행 설립 이후 조반니가 세상을 떠난 1429년까지 이탈리아는 격변의 시대였으나 조반니의 후계자 코시모 데 메디치와 로렌초 데 메디치는 가업을 성공적으로 이어갔으며 정치적, 경제적 재능까지 발휘해 피렌체를 중심으로 한 토스카나공국의 지배자로서 권력을 행사했다.

메디치 가문의 영향력은 이탈리아는 물론이고 유럽 각국에까지 미쳤다. 로렌초는 메디치 은행을 근거로 각 군주에게 돈을 빌려주고 스페인과 프랑스 등 열강들로부터 이탈리아를 지키는 데 큰 공헌을 했다. 당시 메디치 은행에서 돈을 빌리지 못하면 전쟁을 치를 수 없다고 할 정도였다. 메디치 가문은 그 부를 바탕으로 15세기부터 300여 년간 사상, 예술, 과학 등에 뛰어난 인물에게 후원을 아끼지 않았다. 코시모는 늘 예술가와 철학가에게 둘러싸여 있었다.

물론 메디치 가문이 문화 예술을 후원한 데는 대공들의 탁월한 예술적 감각 외에 다른 지역과의 경쟁심도 있었을 것이다. 당시에는 제노바, 밀라노, 베네치아, 로마 등이 개별적인 도시국가로 쪼개져 있어서 서로 열띤 경쟁을 했다. 또한 기독교에서는 '돈을 빌려주고 이자를 받는 행위'를 죄악시해서 은행업으로 큰 부를 일군 메디치가는 교회와 시민의 미움을 사지 않으려고 예술과 문화를 적극적으로 후원했는지도 모른다. 이유야 무엇이든 메디치가의 통 큰 후원으로 피렌체는 르네상스의 중심이 되었다.

메디치 가문의 힘은 대단했다. 코시모는 정치적 탄압을 받아 추방당하기도 했지만, 다시 민중의 지지와 상업 자본에 힘입어 정권을 장악한 뒤 피렌체공화국을 발전시켜서 국부國父로 불렸다. 그는 유럽의 16개 도시에 은행을 세우는 한편 교황청의 재정을 장악해 막대한 재산을 쌓았다. 또 개인 재산을 털어 피렌체의 정치를 위해 쓰고 학문과 예술을 보호하고 장려했다.

그의 손자 로렌초 때에 피렌체와 메디치가의 번영은 정점에 이르렀다. 로렌초는 뛰어난 외교 수완으로 피렌체가 이탈리아 정치의 중추적 지위를 차지하게 해 사후에 '위대한 로렌초'라는 칭호를 받을 만큼 존경의 대상이 되었다. 하지만 그가 사망한 뒤 수도사 지롤라모 사보나롤라의 선동과 시민의 반발로 메디치 가문은 1494년 피렌체공화국에서 추방되는 위기를 겪는다. 그러나 1512년 황제의 힘을 빌려 복귀했고 이후 교황 레오 10세와 클레멘스 7세를 배출했다.

교황 레오 10세의 먼 친척인 코시모 1세는 공화정을 붕괴시키고 토스카나대공국을 창건해 1569년 토스카나 대공이 되었다. 그의 아들 프란체스코는 예술과 과학을 후원한 공로는 있지만 세금을 과중하게 거둬들여 경제를 파탄 지경에 몰고 갔다. 그의 딸이 프랑스 왕 앙리 4세와 결혼해 왕비가 된 마리 드 메디시스다.

달도 차면 기울듯 메디치가도 어느 순간부터 조금씩 저물었다. 그리고 1743년 마지막 후계자 안나 마리아 루이자 데 메디치가 사망하면서 르네상스를 꽃피웠던 메디치가는 역사 속으로 사라졌다.

하지만 안나 마리아 루이자가 세상을 떠나면서 메디치 가문이 소장한 모든 예술품을 피렌체에 기증했기에 우피치 미술관에서 미켈란젤로, 라파엘로, 보티첼리 등이 만든 르네상스 시대의 걸작품을 감상할 수 있다. 그녀는 수집품 2,500점가량을 기증하면서 가문의 소장품을 피렌체 밖으로 실어 내지 않을 것과 일반인에게 공개할 것을 조건으로 걸었다고 한다. 마지막까지 피렌체와 시민을 아끼고 사랑한 마음이 묻어나는 대목이다.

# L'ORFEO

# 수준 높은
# 초기 오페라

## 〈오르페오 L'Orfeo〉 1607
## 클라우디오 몬테베르디

Claudio Monteverdi, 1567~1643

르네상스 시대 이탈리아의 명문가로 메디치가만 있던 것은 아니다. 또 다른 명문가, 만토바의 곤차가 가문에서 일하던 몬테베르디는 초기 오페라에 크게 이바지했다. 1600년 〈에우리디체〉 초연을 본 몬테베르디는 그 오페라를 벤치마킹하되 한층 완성도 높은 형태의 오페라 〈오르페오〉를 내놓는다.

〈오르페오〉에서 특히 유명한 곡은 막이 오르기 전에 연주되는 서곡이다. 큰 북소리와 함께 트럼펫 여러 대가 경쾌한 팡파르를 울린다. "곤차가 공작님이 당도하셨습니다!"라고 도착을 알리는 신호이자 환영 인사를 하는 것이다.

## 몬테베르디의 오페라

만토바는 바로크 초기 오페라의 중심지다. 1600년경 만토바의 영
주 곤차가는 오페라를 특히 좋아해 적극적으로 후원했는데, 그 밑에
서 오페라를 크게 일으킨 음악가가 몬테베르디다. 이탈리아 크레모
나에서 태어난 몬테베르디는 1590년부터 만토바 궁전에서 일하며
1606년부터 1607년에 걸쳐 오페라〈오르페오〉를 작곡했다.

이 작품은 페리와 카치니가 작곡한〈에우리디체〉가 나온 뒤 7년
만에 창작되었다. 소재는 새로울 게 없지만 이야기 전개 방식부터 음
악에 이르기까지 이전 작품보다 훨씬 더 발전한 형태였다. 당시 오페
라 오케스트라 인원이 10명에서 많아야 20명 정도였던 데 비해 만토
바 궁전에서 초연한〈오르페오〉에는 악기만 해도 40대가 쓰였다.

그 결과 오늘날까지도 음악사학자들은〈오르페오〉를 오페라의
본격적인 출발로 여기며 진정한 의미에서 최초의 오페라라고 보기

도 한다.

〈오르페오〉에서 몬테베르디는 시작부터 극적인 요소를 도입했다. 서곡 토카타는 화려한 트럼펫 연주로 이뤄지는데, 이후 르네상스 궁정에서 음악회는 으레 화려한 트럼펫 연주로 시작했다. 당시 지배 권력을 상징하는 악기였던 트럼펫으로 연주하는 서곡은 값비싼 공연을 베푼 후원자에 대한 경례와 환영의 표시였다.

1612년 곤차가 공작이 세상을 떠나고 그의 젊은 아들이 후계자로 자리에 오르자 몬테베르디는 22년간 지켜 온 궁정음악가 자리에서 해고되었다. 마침 베네치아 산마르코대성당 악장이었던 안드레아 가브리엘리가 세상을 떠나는 바람에 이듬해 그 자리를 얻었고, 그때부터 30년간 산마르코대성당을 주 무대로 몬테베르디는 음악 활동을 이어갔다.

## 최초의 상업 오페라극장, 산카시아노

몬테베르디가 만토바를 떠나 가까운 베네치아로 옮겨 간 1614년 즈음에 베네치아는 민주주의와 자본주의가 매우 발전해 가고 있었다. 당시 베네치아는 동서양을 잇는 중계무역으로 엄청난 부를 쌓았고 상인계급은 경제적 여유를 바탕으로 예술에 관심을 기울였다. 때마침 궁정에서 시민의 극장으로 나온 오페라는 큰 환영을 받았다.

사실 어떤 예술도 재력 없이는 크게 꽃피기 힘든 법인데 당시 베네치아에는 입맛에 맞는 예술과 여흥거리라면 기꺼이 지갑을 열 신흥 자본가들이 있었다. 그런데 마땅히 즐길 만한 게 없었다. 오페라 구경도 쉽지 않았다. 오페라는 주로 궁정 오페라극장오페라하우스에서 특별한 날에 기념으로 상연했는데 왕과 귀족, 궁정 대신만 볼 수 있도록 비공개로 열렸다. 왕족과 귀족의 결혼식과 같은 큰 행사가 자주 있는 것도 아닐뿐더러 아무나 초대받는 것도 아니었다. 오페라 공연은 보고 싶다고 해서 볼 수 있는 게 아니었다.

사람들에게 오페라 관람에 대한 갈증이 있다는 것, 수요와 수익성이 있다는 것을 간파한 부를 축적한 상인이 오페라극장을 세웠다. 이것이 바로 1637년 베네치아에서 문을 연 세계 최초의 상업적인 오페라극장, 산카시아노 극장이다. 이로써 오페라 공연이 활발하게 열릴 공간이 생겼고, 돈만 있으면 누구나 표를 사서 오페라를 즐길 수 있게 되었다.

산카시아노 극장이 세워진 뒤 60년 동안 베네치아에는 오페라극장 16개가 지어졌고, 1701년 한 해에만 오페라 365편이 초연될 만큼 오페라의 인기가 높았다.

몬테베르디의 삶도 달라졌다. 그간 만토바 궁전에서 공작이 선심 쓰듯 주는 적은 보수를 받으며 작곡하다가, 궁전을 나와 넓은 세상에서 많은 사람과 경쟁하게 되었다. 그는 오랫동안 오페라를 거의 작곡하지 않았지만 산카시아노 극장에서 공연할 오페라 작품의 수요가 매우 빠르게 늘자 오페라를 다수 작곡했다. 하지만 세월이 흐르면서 작품 대부분이 사라지고 〈오르페오〉와 더불어 〈율리우스의 귀향〉, 〈포페아의 대관〉 정도만 지금까지 전해진다.

## 오페라에 오르페우스 이야기가 많은 이유

초기 오페라는 그리스신화를 모티프로 제작되는 경우가 많았다. 악보를 잃어버린 〈다프네〉도 그랬다. 그리스신화에 나오는 숲의 요정, 아름다운 다프네는 아폴로의 구애를 거절하고 도망가다 월계수로 변했다.

그리스신화의 오르페우스와 에우리디체를 소재로 만들어진 오페라는 정말 많다. 카치니와 페리의 〈에우리디체〉와 몬테베르디의 〈오르페오〉뿐만 아니라 크리스토프 글루크의 〈오르페오와 에우리디체〉, 자크 오펜바흐의 〈지옥의 오르페〉 등에서 각색한 것까지 합하면 무려 30편에 이른다.

그리스신화에서도 다양한 이야기와 여러 인물이 나오는데, 그중에서도 왜 오르페우스와 관련한 이야기가 오페라로 많이 만들어졌을까? 오르페우스가 어떤 인물인가를 따져 보면 그 이유를 짐작할 수 있다.

오르페우스는 음악의 여신 칼리오페와 트라키아의 왕 사이에서 태어났는데, 노래도 잘하고 리라도 잘 연주했다. 그가 리라를 뜯으며 노래 부르면 푸른 나무와 짐승까지도 빠져들었다고 할 만큼, 뛰어난 음악가였다. 황금빛 양털 가죽을 찾으러 가는 이아손의 원정대원으로 아르고호에 탑승해, 세이렌의 노랫소리를 리라 연주와 노래로 밀어낸 일은 특히 유명하다.

그리스신화에 등장하는 오르페우스는 한마디로 위대한 천재 음악가이자 노래의 아버지, 음악의 발명자였다. 그러니 음악가가 숭상하는 인물이 될 수밖에. 병든 사람이 질병과 약과 관련된 신에게 소원을 빌며 의지하듯, 음악가는 음악과 연관된 신이나 인물에게 관심을 기울이는 게 당연하다. 이렇다 보니 음악의 신 오르페우스 신화는 오페라뿐만 아니라 발레와 관현악, 합창 음악 등 여러 분야에 걸쳐 사랑받는 소재가 되었다.

## 오페라 상연에는
## 어떤 사람들이 필요한가요?

오페라는 문학과 음악, 미술, 발레 등 다양한 예술이 결합된 무대
예술이라서 많은 사람의 협업이 필요해. 우선 오페라 대본을 쓸
작가와 곡을 입힐 작곡가, 그리고 그 노래를 무대 위에서 부르고
연기할 오페라 가수가 필요하지.

오페라 가수는 음역에 따라 여성은 소프라노 soprano, 메조소프라
노 mezzosoprano, 알토 alto 또는 콘트랄토 contralto 로 나뉘어. 각 음역은
더 자세하게 분류할 수 있어. 모차르트의 오페라 〈마술피리〉 속의
〈밤의 여왕의 아리아〉를 부르는 가수처럼 기교가 화려한 콜로라투
라소프라노 coloratura soprano 가 있고 리릭소프라노 lyric soprano 나 스핀
토소프라노 spinto soprano 도 있지. 이탈리아어로 '중간'이라는 뜻을
가진 메조가 붙은 메조소프라노는 소프라노와 콘트랄토의 중간
음역을 일컬어. 콘트랄토는 여성 음역대 중 가장 낮은 음역대로, 심
연에서 우러나듯 신비하고 낮은 소리를 내거나 우습고 가벼운 분
위기를 내는 데 사용돼.

한편 남성 오페라 가수의 음역대는 테너 tenor 와 바리톤 baritone,

베이스bass로 나눌 수 있어. 테너는 높은 음역대고 바리톤은 테너와 베이스의 중간 음역, 베이스는 가장 낮은 음역대지. 소프라노보다 높은음을 내기도 하는 카스트라토castrato가 사라진 요즘에는 훈련을 거쳐 테너보다 높은음을 내는 남성 성악가인 카운터테너countertenor가 있어. 테너는 대개 남자 주인공을 맡는데, 루치아노 파바로티와 호세 카레라스가 아주 유명한 테너야.

한편 노래 반주와 배경음악 연주를 위해 많은 오케스트라 단원이 필요해. 그들을 지도할 지휘자도 있어야 하고 때로는 합창단이 더해질 때도 있어. 그 외에 오페라에 따라 발레리나가 등장하기도 해.

보이지 않는 곳에서도 많은 사람이 일하지. 무대장치와 설비, 조명을 맡는 사람, 의상과 헤어, 화장을 담당하는 사람도 있어. 소품 담당자도 중요하고. 이 모두를 아우를 연출자도 필요하지. 이렇게 오페라 한 편을 무대에 올리려면 수많은 인력이 필요해. 규모가 크면 클수록 비용도 많이 들지. 그래서 오페라 제작에 투자하고 후원할 제작사도 있어야 해. 매표소 직원과 오페라극장 안내원 등 극장에 딸린 직원과 공연장 진행 요원도 많이 필요하고. 그러다 보면 보통은 150명에서 250명이 함께하는데, 대작인 경우 그보다도 많은 사람이 필요할 때도 있어. 이 모든 사람이 제 몫을 충실히 해낼 때 오페라는 작품이 되어 관객을 맞이해.

# 2장

## 민초들의 항거, 유쾌하거나 처절하거나

# LE NOZZE
## DI FIGARO

# 지배 세력의 횡포에 대한
# 유쾌한 반란

〈**피가로의 결혼** Le Nozze Di Figaro 〉 1786
**볼프강 모차르트** Wolfgang Mozart, 1756~1791

영화 〈쇼생크 탈출〉에는 형무소의 확성기를 통해 아름다운 선율이 흘러나와 죄수들의 영혼을 홀리는 장면이 있다. 오페라 〈피가로의 결혼〉 중, 백작부인과 수잔나가 부르는 〈저녁 산들바람은 부드럽게〉가 바로 그 천상의 노래다.

〈편지의 이중창〉이라고도 불리는 이 노래는, 백작 부인이 백작을 속이기 위한 편지 내용을 불러 주면 수잔나가 그것을 종이에 옮겨 적는 설정으로 이뤄져 있다. 잘 들어 보면 두 사람이 번갈아 가면서 한 명이 부르고 다른 한 명이 그걸 받아쓰면서 되뇌며 노래하는 것을 알 수 있다. 모차르트의 재기발랄한 면모를 보여 주는 아름답고 재밌는 아리아다.

## 〈피가로의 결혼〉이 만들어지기까지

〈피가로의 결혼〉은 모차르트가 작곡한 4막 구성의 오페라로, 그가 쓴 오페라 중에서도 으뜸가는 걸작으로 꼽힌다. 1786년 5월 1일 오스트리아 빈에서 초연되었는데 당시 국왕이 앙코르의 횟수를 제한하는 명령을 선포했을 정도로 대단한 성공을 거뒀다.

모차르트는 천재 음악가답게 진지한 내용을 담은 오페라세리아^opera seria, 익살스러운 내용을 담은 오페라부파^opera buffa, 징슈필^singspiel, 독일어로 대사와 노래가 나오는 독일식 오페라. 희극적 내용이 많다을 두루 작곡했는데, 〈피가로의 결혼〉은 그중에서도 재미있고 우스꽝스러운 분위기를 띠는 오페라부파에 해당한다.

오페라 〈피가로의 결혼〉의 대본은 누가 썼을가? 프랑스인 피에르 드 보마르셰의 희곡 〈피가로의 결혼〉을 원작으로 대본 작가 로렌초 다 폰테가 오페라에 어울리게 썼다. 다 폰테가 모차르트를 만나게 된 데도 사연이 있다.

　다 폰테는 1781년 추문을 피해 베네치아를 떠나, 당시 빈에서 궁정 작곡가로 일하던 안토니오 살리에리의 도움을 받아 빈으로 도망쳤다. 이후 요제프 2세의 후원을 받으며 여러 작곡가의 곡에 대본을 썼다. 그러던 중 모차르트의 재능을 높이 사서 모차르트가 비엔나로 이주한 지 얼마 안 되었을 때 대본을 쓰고 싶다고 자청했고, 1785년 11월에 이르러 모차르트와 협업하게 되었다.

　다 폰테의 회고에 따르면 모차르트는 대본을 쓰는 그의 옆에서 작곡했다고 한다. 모차르트도 그런 경향이 있었지만, 다 폰테도 가볍고 익살맞으며 미인을 무척 좋아했다고 한다. 이런 사람이 대본을 쓰고 그 곁에서 모차르트가 곡을 입혔다니, 작품 전체의 분위기도 밝고 경쾌하며 익살맞을 수밖에 없었다.

　오페라 〈피가로의 결혼〉은 원작과 기본 줄거리는 같지만, 원래의 희곡에는 비판과 저항 이념이 강하게 나타나 있다. 때문에 기득권 세력의 심기를 불편하게 만들었고, 희곡 〈피가로의 결혼〉은 다섯 번에 걸친 검열을 받고 상연이 금지되었다. 귀족을 비웃는 점과 음란한 백작이 피가로의 약혼자를 상대로 초야권을 주장한다는 내용이 특히 문제가 되었다. 그래서 다 폰테는 요제프 2세의 요청을 받아들여 검열을 통과하고 대중적으로도 즐길 수 있는 작품이 되도록 문제가 되는 부분을 통째로 들어내거나 그 비판의 수위를 확 낮춰 무난하게 손질했다. 그로써 풍자가 약해진 대신에 성격 묘사는 더욱 선명해져 원숙하면서도 인간미 넘치는 대본이 탄생했다.

심각할 법한 내용인데도 전체적으로 재미있고 경쾌하며 우스꽝스러운 분위기로 흐르는 이유가 거기에 있다. 예를 들어 보마르셰가 쓴 희곡에는 피가로의 독백과 수잔나의 노랫말에 기득권층을 향한 신랄한 야유가 있는데, 모차르트의 오페라에는 그 부분이 통째로 삭제되었다.

오페라의 줄거리를 보자. 과거에는 이발사였으나 알마비바 백작의 하인이 된 피가로와, 백작 부인의 시녀인 수잔나가 결혼을 앞두고 있다. 그런데 백작이 수잔나에게 밀회를 요구하며 검은 속내를 드러낸다. 이에 피가로와 수잔나는 백작 부인을 자신들의 편으로 만들고 백작 부인의 도움을 받아 백작을 속이고 골탕을 먹여 혼내 준 뒤, 순조롭게 부부가 된다.

이 작품에서 드러나는 갈등의 요소는 중세 봉건사회에 있던 초야권에 있다. 평민이 결혼하기 전에 권력자가 신랑보다 먼저 신부와 동침할 수 있는 권리를 초야권이라 하는데, 중세 유럽에서는 장원의 처녀가 결혼할 때 영주가 신랑에 앞서 신부와 잠자리를 같이할 수 있는 권리를 주로 일컬었다.

보마르셰가 〈피가로의 결혼〉을 쓸 때나 다 폰테가 오페라로 각색할 때는 이미 중세가 지났기에 그와 같은 악습은 거의 없었다. 하지만 알마비바 백작은 이미 사라진 악습을 들추면서 검은 속내를 드러내 보이고, 불합리한 권력에 당하고만 살 평민이 아닌 피가로와 수잔나가 꾀를 써서 알마비바 백작을 골려 준 것이다.

## 중세 봉건사회에서 농노로 산다는 것

도대체 중세는 어떤 시대였기에 이런 말도 안 되는 악습이 있던 걸까? 중세를 한마디로 정리하면 '신 중심, 영주 중심의 철저한 계급사회'라고 할 수 있다. 피라미드의 맨 꼭대기에 국왕이나 성직자가 있고 그 아래로 영주, 귀족, 기사, 농노, 노예가 차례대로 층을 이뤘다. 이러한 계급은 어떻게 만들어졌을까?

중세를 흔히 봉건제 사회라고 하는데, 봉토라고 하는 토지를 매개로 지배하는 사람에게 지배받는 사람이 충성 계약을 맺는 사회를 의미한다. 땅 주인이 다른 사람에게 땅 일부를 빌려주면, 빌린 사람은 그 대가로 땅 주인에게 충성을 약속한다. 광대한 영토를 가진 왕과 지방 영주 사이에 맺어진 이러한 계약은 다시 사회 전반에 걸쳐서 계속된다.

왕과 계약을 맺어 큰 땅을 얻은 지방 영주는 다시 자기보다 세력이 덜한 영주에게 땅 일부를 빌려주고 충성 서약을 받는다. 그러다 보니 사회에는 가장 높은 위치에 왕이 있고 그 아래의 높은 영주, 중간 단계의 영주와 낮은 단계의 영주 순으로 차례차례 내려왔다. 그리고 피라미드의 가장 낮은 단계에는 가난한 농민이 있었다.

각 계급이 가진 권력은 피라미드 맨 위에서 서열에 따라 내려오면서 줄어들었다. 맨 아래 서열인 농민은 권리는 없고 해야 할 의무만 잔뜩 짊어졌다. 왕을 비롯해 권력을 쥔 이들은 부유하고 화려하게 살았던 데 비해 전체 인구의 90퍼센트가 넘는 수많은 농민은 가난 속에서 굶주리며 삶을 힘겹게 이어가야 했다.

지방 영주는 장원의 농민이 땀 흘려 일군 생산물과 가축, 식량뿐만 아니라 옷까지도 소유했다. 농민은 결혼도 자신이 바라는 대로 할 수 없었다. 당시의 농민은 노예와 비슷한 처지였기에 흔히 '농노'라 부른다.

농민이 장원을 벗어날 수는 없었을까? 농민이 마음대로 장원을 떠나는 것은 법으로 금지되었을 뿐 아니라 몰래 도망을 간다 해도 장원 밖은 너무 위험했다. 크고 작은 전쟁과 전투가 끊이지 않고 벌어졌고, 도적이 곳곳에 우글거렸기 때문에 영지 밖을 나서는 순간 목숨을 부지하기도 힘들었다. 게다가 끼니를 이을 방법도 막막했다. 그래서 장원에서의 삶을 운명으로 받아들인 채 근근이 살아갈 수밖에 없었다.

중세에 먹고사는 문제는 이만저만 힘든 게 아니었다. 오늘날처럼 농기구가 기계화되지도 않았고 종자 개량은커녕 화학비료도 없던 시대라 뼈 빠지게 일해도 입에 풀칠하기 힘들었다. 삼포식 농업으로 농업 생산이 이전보다는 늘었으나 넉넉지는 않았다. 게다가 일주일의 절반은 영주 가족용 땅을 경작해야 했고 나머지 날은 농노에게 맡겨진 소작용 땅을 경작했는데, 소작용 땅에서 나오는 곡식의 상당량을 소작료로 내야 했다.

> **삼포식 농업**
>
> 장원의 밭을 세 부분으로 나누어 한 부분은 농사를 짓지 않고 나머지 두 부분만 농사를 지음으로써 해마다 땅을 돌아가며 쉬게 하는 농업 방식. 지나친 농사로 힘을 잃은 땅은 소출이 적기에 땅을 쉬게 한 것이다. 그러면 다음 해에 알곡이든 푸성귀든 수확이 좋아졌다.

## 초야권은 실제로 존재했을까?

13세기 말까지도 장원제 아래에서 영주는 농민의 어떠한 재산도 인정하지 않고 갖은 수탈을 일삼았다. 그러나 〈춘향전〉에서 변사또가 춘향에게 수청을 들라며 패악을 부린 것이 일반적인 수령의 행동은 아니었던 것처럼, 중세 시대에 영주가 초야권을 행사하겠다고 나서는 것도 일반적이지는 않았다고 한다. 일부 악덕한 영주가 초야권을 자신의 권리로 내세운 경우가 더러 있던 것으로 보이는데, 특이하고 자극적인 이야기는 널리 퍼지는 법이라 그 이야기가 소설과 희곡 그리고 오페라로 남겨진 것이다.

일반적으로 농노들이 겪은 불합리하고 불평등한 사례는 오히려 시설독점권과 영주재판권, 영지 내 공권 그리고 관습법 같은 것이었다. 영주 소유의 방앗간과 같은 시설을 이용하면서 사용료를 내야 했고, 사건의 옳고 그름을 가릴 때는 영주의 재판을 받아야 했다. 영지에 있는 것은 나무 열매부터 시냇물 속에서 헤엄치는 물고기까지 모두 영주의 것이었다. 그 외에도 장원 내에서는 오래되어 관습적으로 해도 되는 일과 해서는 안 되는 일이 존재했다. 영주의 토지를 빌려 소작하는 농민은 결혼할 때도 반드시 영주의 허락을 받아야 했고 결혼세도 내야 했다. 영주에게 농노는 노동력이자 재산이었기 때문이다. 특히 영지의 여성이 다른 영지의 남성과 결혼하는 것은 노동력과 재산이 빠져나가는 것이니 영주로서는 문제가 될 수밖에 없었다.

11세기에서 13세기에 걸쳐 왕권이 성장함에 따라 농민은 영주의 지배에서 서서히 벗어났다. 프랑스에서는 13세기 전후에 왕이 재정을 확보하기 위해 농노가 해방금을 내면 자유를 줬다. 이로써 왕의 영지에 속한 농노를 포함해 많은 사람이 농노 신분에서 풀려나 자유를 얻었다.

14세기에 이르면 중세 문명은 크나큰 격변을 겪는다. 인구는 줄고 무기는 점점 더 치명적인 살상용이 되었으며, 교회의 힘은 약해졌다. 중세가 끝나는 징표가 나타난 것이다.

이러한 변화에 단단히 한몫한 것은 전염병이었다. 페스트가 창궐해 유럽 인구 3분의 1에 해당하는 사람이 죽으니 농노도 확 줄었다. 장원에 할 일은 태산인데 농노가 줄다 보니 노동력은 턱없이 부족해졌다. 영주로서는 남은 농노나마 잘 구슬리고 다독여 일을 시킬 도리밖에 없었다. 그러려면 임금을 주든가 노동 환경을 이전보다 좋게 만들어야 했다. 중세 농노의 처지가 나아지게 된 동기가 수많은 인명을 앗아간 무서운 전염병 페스트의 결과였다니, 인류의 역사는 참 아이러니하다.

## 〈피가로의 결혼〉이 프랑스혁명에 끼친 영향

〈피가로의 결혼〉 원작 희곡의 5막 3장에는 피가로가 어둠 속을 걸으며 우울하게 내뱉는 독백이 있다. 허위의식에 차 있고 어리석은 귀족은 기득권을 갖고 여유롭게 사는 반면, 평민과 천민은 오직 살기 위해 강인한 생명력으로 모든 기지를 발휘해야 한다는 내용이다. 이처럼 귀족의 횡포를 날카롭게 비판하고 사회를 풍자했기 때문에 이 희곡은 당시 대중에게 높은 인기를 누렸다.

원작 희곡 〈피가로의 결혼〉에 담겼던 강한 현실 비판과 풍자가 오페라 대본으로 각색되면서 이야기는 재미있고 우스꽝스러워졌으며 사회와 현실에 대한 비판의 수위는 낮춰졌다. 하지만 관객은 오페라를 보면서 백작으로 상징되는 구체제에 대한 반감을 여전히 느낄 수 있었다.

아니나 다를까 1780년 마리 앙투아네트 왕비가 보마르셰가 쓴 〈피가로의 결혼〉을 프랑스 국왕 루이 16세 앞에서 읽자 왕은 "괘씸하도다! 이 공연은 절대로 안 돼. 이놈은 경의를 표해야 할 국가의 질서를 온통 웃음거리로 만들고 있잖아!"라며 분노했다고 한다.

물론 봉건시대의 문제점을 엿볼 수 있는 작품이 〈피가로의 결혼〉만은 아니다. 이탈리아의 작곡가 주세페 베르디의 〈리골레토 Rigoletto〉에서도 볼 수 있다. 〈리골레토〉에는 호색한 만토바 공작의 성에서 일하는 어릿광대 리골레토가 나온다. 그는 하나뿐인 딸 질다가 공작에게 농락당하자 복수를 시도하는데, 오히려 질다가 죽는 비극이 벌어진다.

하지만 기득권층의 문제를 드러내는 데 머물지 않고 비판하고 항거하는 정신까지 펼친 작품은 단연 〈피가로의 결혼〉이다. 〈피가로의 결혼〉이 오페라로 공연된 지 몇 년 지나지 않아 프랑스혁명이 일어난 것이 우연만은 아닐 것이다. 앙시앵레짐 ancien régime, 즉 구체제의 특권층에 대한 민중의 분노와 비판 정신이 혁명의 도화선이 되었다고 평가할 수 있다. 나폴레옹도 〈피가로의 결혼〉은 프랑스혁명이 시작되는 것을 알리는 신호탄이라고 극찬했다고 한다.

〈피가로의 결혼〉이 사회 풍자적인 요소가 강하고 프랑스혁명에 커다란 영향을 끼친 작품으로 평가받으면서 생긴 또 하나의 일이 있다. 프랑스 신문 〈르 피가로 Le Figaro〉의 탄생이다. 신문 이름도 〈피가로의 결혼〉에서 가져온 것이다. 피가로의 독백 중 '비난할 자유 없이 진정한 칭찬도 없다'라는 부분을 표어로 삼아 1826년에 주간지로 태어난 〈르 피가로〉는 오늘날 세계적인 일간지로 자리잡았다. 보마르셰는 〈피가로의 결혼〉으로 민중의 의식을 일깨워 프랑스혁명에 영향을 끼쳤을 뿐 아니라 〈르 피가로〉라는 언론까지 낳은 셈이다. 글도 총칼 못지않게 세상을 바꾸는 큰 힘을 발휘한다는 것을 보여 준 사례라고 할 수 있다.

# GUILLAUME TELL

# 중세 스위스인의
# 처절한 저항

〈**윌리엄 텔** William Tell/Guillaume Tell 〉1829

**조아치노 로시니** Gioacchino Rossini, 1792~1868

〈윌리엄 텔〉 서곡은 네 부분으로 짜여 있으며 극의 배경과 분위기를 묘사하고 암시하기도 한다.

1부는 첼로 독주로 느리게 시작되어 알프스의 산이 차차 밝아오는 새벽을 연상시킨다. 2부는 현을 빠르고 규칙적으로 떨어서 내는 선율로 불길한 예감이 들게 한다. 곧이어 강렬한 음이 쏟아져 나와 폭풍우가 몰아치는 모습을 표현한다. 3부에서는 잉글리시호른의 평화로운 음색으로 고요해진 알프스를 묘사한다. 경쾌한 트럼펫 독주로 시작하는 4부는 가장 유명한 파트로, 오스트리아의 압제에서 벗어난 스위스 군대의 힘찬 행진과 그것을 보는 스위스인의 흥분과 감동을 느낄 수 있다.

## 로시니, 대작에 도전하다

독일 작가 프리드리히 폰 실러는 중병과 싸우면서도 1804년 희곡
〈빌헬름 텔〉을 완성했다. 이 작품은 13세기 말에서 14세기 초 스위
스에 살던 주민들이 합스부르크 왕가의 압제에 맞서 투쟁할 당시, 영
웅적인 활약을 한 빌헬름 텔과 당대 스위스인의 이야기를 소재로 만
든 운문극이다. 이 작품은 독일뿐 아니라 이탈리아와 차르 치하의
러시아에서도 뜨거운 반응을 일으켰다. 그로부터 25년 뒤 로시니는
이 희곡을 바탕으로 오페라 〈윌리엄 텔〉을 작곡해 무대에 올린다.

우선 제목부터 보자. 일반적으로 영어로 '윌리엄 텔William Tell'이라
쓰지만, 독일어로 '빌헬름 텔Wilhelm Tell'로 읽는다. 원작인 실러의 희
곡에도 빌헬름 텔로 되어 있다. 이탈리아어로 공연될 때는 '굴리엘
모 텔Guglielmo Tell'이라고 한다. 로시니가 처음 그 작품을 프랑스 파리
오페라극장에서 공연했을 때는 프랑스어로 했기에 불어로 '기욤 텔

Guillaume Tell'이라 했다. 이토록 다채로운 이름이라니!

로시니는 이탈리아 출신이지만 프랑스 파리를 사랑해 제2의 고향으로 삼을 작정을 하고 파리로 이주했다. 당시 파리는 예술의 중심지였고, 특히 오페라가 활성화되어 있었다. 〈윌리엄 텔〉은 이탈리아 작곡 기법에 프랑스 스타일을 더한 오페라로, 로시니는 프랑스식 오페라를 선보이는 것으로 파리에 신고식을 대신한 셈이다.

프랑스식 오페라란 어떤 스타일일까? 19세기 프랑스 파리에서는 그랜드오페라grand opera의 프랑스식 발음인 '그랑도페라'가 하나의 장르로 인기를 끌었다. 4막 또는 5막으로 이뤄진 웅장하고 화려한 오페라 양식에 영웅적이고 역사적인 소재로 진지하게 무대를 꾸미는 오페라세리아 위주의 오페라였다. 유난히 발레를 좋아한 프랑스 관객을 위해 2막에는 화려하고 아름다운 발레 장면이 반드시 들어갔다.

로시니가 작곡한 〈윌리엄 텔〉은 그랑도페라의 모든 측면을 충족시켰다. 공연 시간만 대여섯 시간이 걸리는 4막 5장짜리 대작인 데다 발레 장면도 첨가되었고, 영웅이 등장하는 역사물이란 점도 잘 들어맞았다.

로시니가 그랑도페라를 교과서적으로 따른 데는 평론가에게 제대로 평가받고 싶은 바람이 작용했다. 로시니는 당시 대중적으로 높은 인기를 누렸음에도 평론가로부터는 음악이 가볍다고 종종 비판

받는 일이 있었다. 그는 작정하고 실력을 보이고자 했다. 〈윌리엄 텔〉이라는 무거운 이야기를 붙들고 장장 9개월에 걸쳐 쓴 것도 그 때문이었다. 다른 작곡가가 대작 오페라를 아홉 달 걸려 썼다면 빨리 작업한 것이겠지만, 13일 만에 〈세비야의 이발사〉를 써냈던 로시니로서는 여간 오래 공을 들인 게 아니었다.

그래서일까. 〈윌리엄 텔〉 작곡을 마친 지 얼마 안 되어 로시니는 절필을 선언했다. 9개월씩이나 참고 견디며 곡을 써내느라 넌덜머리가 난 걸까? 로시니가 자신의 시대가 저무는 것을 느꼈기 때문이었을 거라고 말하는 음악 전문가도 있다. 어떻든 간에 로시니 스스로는 '작곡보다 맛난 음식이 더 좋아서'라고 은퇴 이유를 댔다고 한다.

## 영웅 윌리엄 텔 이야기

윌리엄 텔의 이야기는 우리Uri의 민중극에서 처음 나왔다. 그리고 실러가 역사책과 기록을 바탕으로 약간의 허구를 가미해 희곡을 썼는데, 로시니가 오페라로 작곡할 때에는 극의 재미를 위해 픽션을 더 많이 첨가했다.

스위스의 젊은 독립운동가 아르놀트와 합스부르크가의 공주 마틸다의 사랑 이야기로 볼거리를 풍성하게 만든 것이 대표적이다. 마틸다는 순박한 스위스인들에 동조해 그들의 편에 서기로 결심하는 인물로 나온다. 물론 허구다. 관객의 흥미를 일으키기 위해 허구를 더한 것이다. 뒤에 나오는 벨칸토 시대에 관한 부록을 참고하면 이해가 쉽겠다. 로시니는 항상 음악이 먼저였고 글이나 내용은 음악을 위해 곁딸려 존재하는 것이었다. 그러니 실제했던 스위스 독립운동의 역사에 상상력이 더해져 오페라 대본이 만들어진 것이다.

오페라 〈윌리엄 텔〉의 작품 속 배경은 13세기경 오스트리아의 지배 아래 압제정치에 시달리던 스위스다. 합스부르크가에서 파견한 총독 게슬러는 성채를 짓도록 강제하고, 또 다른 총독은 좋은 집이나 튼실한 황소 등 탐나는 것은 뭐든 빼앗는다. 남편 있는 여성을 농락하고, 아들이 있는 곳을 대라며 아버지의 눈알을 뽑는 잔혹한 일까지 벌이자 스위스인의 반감과 울분은 극에 달한다.

게다가 총독은 무조건적인 복종을 요구하며 자기가 없을 때도 존경의 마음을 잃지 말고 장대에 높이 걸어 놓은 자신의 모자에 인사를 하란다. 모자를 그냥 지나쳐 간 윌리엄 텔과 그의 아들은 총독을 무시했다는 죄목으로 붙잡힌다. 윌리엄 텔이 소문난 명궁이라는 것을 알게 된 총독은 명령한다. 아들의 머리 위에 놓인 사과를 쏘라고. 윌리엄 텔은 고뇌에 빠진다. 아무리 명사수라 하더라도 멀찍이 떨어져 있는 아들의 머리 위 사과를 맞히려다 까딱하면 아들의 목숨을 앗을 수도 있으니 말이다. 결국 윌리엄 텔은 사과에 활을 쏘아 맞히지만, 실패할 경우 게슬러에게 쏘려고 남겨 둔 나머지 화살을 발각당해 종신 감옥에 갇힐 위기에 처한다.

윌리엄 텔은 호수 건너편에 있는 감옥을 향해 갑판에 묶인 채 배에 태워진다. 강을 건널 때 마침 큰 폭풍이 일자 뱃사람들은 공포에 질리고, 노 저을 사람이 마땅치 않자 윌리엄 텔의 포박을 풀어 준다. 폭풍 속에서 노를 저어 나가던 윌리엄 텔은 넓적한 바위가 보이자 꾀를 내어 배를 바위 쪽으로 몬 뒤에 바위로 뛰어내린다.

**텔즈 플라테** tellsplatte

윌리엄 텔이 뛰어내린 그 바위에는 훗날 '윌리엄 텔의 너럭바위'라는 이름이 붙었다. 텔즈 플라테, 즉 '텔의 넓적한 암석'이라고 하는 곳이 실제로 있다. 오늘날 스위스 여행 책자에서도 흔히 소개한다.

도망친 윌리엄 텔은 화살을 쏘아 게슬러를 죽이고 집으로 돌아온다. 얼마 뒤 폭풍은 멎고, 스위스 사람들은 힘을 모아 독립을 이룬다. 고난을 이겨 낸 윌리엄 텔과 스위스 사람들은 다시 본래의 소박하고 목가적인 삶으로 돌아간다.

이러한 희곡 작품의 극적 효과는 로시니의 〈윌리엄 텔〉 서곡에서도 그대로 차용된다. 4개 부분으로 나누어 분위기를 달리한 오페라 서곡과 실러의 희곡에서의 내용이 꽤 잘 들어맞는다.

## 치열하게 전개된 스위스 독립 과정

오페라의 배경이 되는 13세기 스위스는 하나의 국가가 아니라 주州와 같은 개념인 여러 개의 칸톤canton으로 나눠져 있었다. 지형이 험한 산악과 숲, 넓은 호수와 같은 자연적인 형태로 쪼개진 각 칸톤은 유럽 명문가의 지배를 받았는데, 칸톤을 소유한 명문가 중에 가장 큰 세력은 합스부르크가였다. 스위스는 신성로마제국이 몰락한 뒤에 합스부르크가의 지배를 받았다.

합스부르크가를 비롯한 유럽의 명문가는 총독<sup>지방관, 행정장관, 대관, 태수라고도 번역한다</sup>을 임명한 뒤 파견했다. 총독은 대개 자국과 가문, 자신의 이득만 챙기는 경우가 많아 스위스 민중의 반발을 불러일으키곤 했다. 크고 작은 갈등과 마찰이 빚어지다 보니 외세로부터의 독립을 간절히 소망했지만 규모가 작은 칸톤으로서는 힘이 약해 이룰 수 없었다.

이에 1291년 8월 1일에 루체른 호숫가 뤼틀리 들판에서 북부 산간 지역의 우리<sup>Uri</sup>, 슈비츠<sup>Schwyz</sup>, 운터발덴<sup>Unterwalden</sup> 대표가 독립운동의 뜻을 모아 '스위스 동맹'을 결성한다. 이 대목은 〈윌리엄 텔〉에서도 잘 그려진다. 합스부르크가에 함께 대항하기 위해 맺은 이 동맹 서약이 오늘날 스위스 연방의 시초가 되었다. 오늘날에도 스위스 건국 기념일인 8월 1일이면 뤼틀리 들판에서 기념식을 한다.

원래 자유롭게 살던 스위스인은 처음에는 자발적으로 황제의 비호를 택했다. 작은 칸톤 안에서 해결하기 모호한 사건이나 이해관계가 얽힌 당사자들끼리 해결하기 힘든 일이 생길 때, 가까운 곳에 있는 신성로마제국 황제의 비호를 바란 것이었다. 다툼이 있을 때 공정한 제삼자로서 판결을 내려 줄 최고 재판관이 필요해서 독일과 이탈리아 땅의 군주를 자처하는 황제에게 그 역할을 부탁했고, 그 대가로 병역의 의무를 다함으로써 황제의 제국을 지키는 데 도움을 줬다. 그러한 삶을 살던 사람들에게 합스부르크가가 지방관을 보내 강압적으로 대하고 수탈을 일삼자 스위스인들은 분노했고, 힘을 모아 압제자를 몰아낼 동맹을 맺기에 이른 것이다.

당시의 일은 〈윌리엄 텔〉을 통해 짐작할 수 있다. 제목은 〈윌리엄 텔〉이지만 윌리엄 텔의 영웅담은 작품의 일부이고, 여러 독립투사가 등장해 일을 성사시킨다. 특히 칸톤 대표들이 모여 동맹을 맺게 하는 슈타우파허의 리더십이 돋보인다.

실러의 희곡에는 이 대표들이 황량한 호숫가에 모여 별이 빛나는 밤하늘 아래서 동맹을 맺는 장면이 자세히 그려진다.

칼 2개를 꽂아 놓고 사람들이 둘러서자 슈타우파허가 원 안으로 들어가 "우리는 한 민족, 한 핏줄"이라고 말한다. 사람들은 서로 손을 내밀고, 1,000년 동안 지켜 온 스위스 땅의 역사와 조상의 당당한 자주의식을 되새기며 합스부르크가의 폭력에 맞서 싸우기로 굳은 결의를 다진다.

이 역사적인 사건을 계기로 스위스는 차차 그 연맹을 넓히며 오늘날 26개 칸톤으로 구성된 연방국의 모습을 갖추게 된다. 물론 자치권을 선언하고 협력과 조력을 위한 동맹을 결의한다고 해서 모든 일이 저절로 해결된 건 아니다. 완전한 독립을 이루기 위해 지난한 과정을 거쳐야 했다. 그러니까 스위스 동맹은 스위스 독립의 끝이 아니라 시작이었다. 하지만 스위스 동맹이라는 첫 단추를 제대로 잘 끼웠다는 데 커다란 의미가 있다. 작은 힘을 모으고 뭉쳐서 큰 힘에 맞서기 시작한 것이다.

모르가르텐의 싸움이 대표적 사례다. 1315년 합스부르크가의 레오폴트 1세가 대군을 이끌고 쳐들어오는 것을 스위스 동맹이 모르가르텐 산지에서 무찔렀다. 변변찮은 무기를 가진 산악 지대의 나무꾼과 포수, 농민이 스위스 동맹이라는 이름으로 뭉쳐 갑옷으로 무장한 정예부대인 오스트리아 기사들을 무찌른 것이다. 이에 용기를 얻어 루체른, 취리히, 베른 등이 가입하면서 스위스 동맹은 점점 그 숫자가 늘어갔다. 이윽고 1499년 신성로마제국으로부터 독립한 이후 바젤과 아펜첼 등이 가입하면서 13개 칸톤으로 구성된 연합동맹국이 탄생했고, 결국 합스부르크가의 군대를 물리쳤다.

이후에도 지난한 일들을 거쳤다가 공식적으로 독립을 인정받기까지는 최초의 맹약 이후 200여 년의 시간이 걸렸다. 하지만 하나라는 동맹 의식으로 독립을 이뤄 낸 이후의 일들을 볼 때 그 씨앗이 뿌려진 스위스 동맹의 날은 의미가 크다.

윌리엄 텔은 사실 적극적으로 대중 앞에 나서 리더십을 발휘하는 인물은 아니다. 내성적이고 무뚝뚝한 인상을 가졌으며, 자신의 삶에 충실한 인물이다. 그러나 부당한 폭정에 항거하고 어려움에 부딪힌 주변인을 돕는 데는 몸을 사리지 않는다. 스위스 국민은 여러 개의 칸톤으로 쪼개진 채 다양한 언어를 사용하며 살아가지만, 그들은 모두 용감하고 담대한 윌리엄 텔에 관한 이야기를 공유했다. 윌리엄 텔 이야기는 스위스인들 사이에 꾸준히 전해 내려가면서 민족의식을 심어 주고 하나로 통합된 국가라는 정체성을 다져 나가는 구심점이 되었다.

## 닮은 듯 다른 모차르트와 로시니

로시니는 37세 때 마지막 오페라 작품인 〈윌리엄 텔〉을 작곡하기까지 20여 년 동안 38편의 오페라를 썼고, 모차르트는 평생 626편을 작곡했는데 그중 500편은 30세가 되기 전에 썼다.

타고난 천재성으로 한 시대를 풍미했고 음악사에 길이 이름을 전한 모차르트와 로시니. 로시니가 '이탈리아의 모차르트'로 불렸을 만큼 두 사람은 서로 닮았다. 두 사람 모두 타고난 성격이 명랑하고 쾌활한 편이었다. 그들의 작품도 밝고 기지에 차 있으며 아름다운 선율이 마치 샘물 솟듯 자유자재로 이어진다.

모차르트는 그리스신화 속 오르페우스에다 자기 이름을 붙여서 '모르페우스'로 자처하며 길에서건 침대에서건 작곡했고 동시에 여러 편을 짓기도 했다. 로시니도 착실하게 계획해서 하는 일이 없었다. 움직이는 것을 싫어해서 침대에서 작곡하다가 종이가 바닥에 떨어지면 줍기 귀찮아서 새 종이에다 썼다는 이야기도 있다.

하지만 두 사람의 인생은 달랐다. 로시니는 겨우 23세에 추천을 받아 나폴리에 있던 산카를로 극장과 폰도 극장을 관장하는 음악 감독직을 맡게 된다. 반면 모차르트는 궁정 작곡가직을 맡기 위해 오랫동안 애를 썼지만 뜻대로 되지 않았다. 어쩌다 자리를 잡아도 형편없는 보수에 부당한 대우를 받아 스스로 나와야 했다.

로시니와 모차르트의 말년도 달랐다. 가난 속에서 병으로 요절한 모차르트와 달리 로시니는 프랑스 정부가 지급한 연금을 받으며 유유자적하게 살았다. 로시니가 77세의 나이로 세상을 뜨자 수많은 파리 시민이 장례 운구를 뒤따르며 슬퍼했고 그의 시신은 파리의 페르라셰즈 공동묘지에 안치되었다. 그리고 1887년에 피렌체로 옮겨져서 라파엘로와 미켈란젤로 곁에 명예롭게 묻혔다. 죽은 뒤에도 영예로운 대접을 받았던 로시니와 달리, 모차르트는 가난했던 데다 장례 때는 날씨까지 궂어서 공동묘지 어디쯤 묻혔는지도 모른다. 가난과 병마로 35세에 짧은 인생을 마감했던 모차르트. 하지만 예술은 길어서 그의 노래는 여전히 우리 곁에 살아 숨 쉬고 있다.

알면 더 보이는
오페라

## 오페라 때문에
## 논쟁이 붙었다고요?

오페라의 종류 중에는 오페라세리아와 오페라부파가 있어. 오페라세리아는 영웅적이고 신화적인 소재를 진지하게 다룬 정극을 의미하고, 오페라부파는 현실적이면서 일상적이고 서민적인 내용을 익살스럽게 표현한 희가극을 말해.

오페라부파는 서비스 차원에서 시작되었어. 오페라의 막과 막 사이, 즉 중간 휴식 시간에 관객이 심심할까 봐 짧고 재미있는 막간극을 상연했는데 반응이 좋았던 거야. 아예 그것만 떼어 내 상연한 것이 발전해 자리 잡은 형태가 오페라부파야. 화려한 무대장치 없이 일상적인 이야기와 사회 풍자로 인기를 얻었고, 18세기 초 나폴리에서 발전해 점차 유럽으로 퍼져 나가며 19세기까지 성행했어.

이탈리아 오페라가 인기를 끌자 프랑스에서는 18세기 초에 이탈리아 오페라를 수입하는 회사가 생겼어. 그 회사에서 조반니 페르골레지가 작곡한 막간극 〈마님이 된 하녀〉를 수입해 파리에서 공연했지. 영리한 하녀가 꾀를 써서 귀족인 주인과 결혼하는 이야기

64

로, 신분 사회의 모순을 풍자해서 큰 인기를 끌었어.

그때 부퐁논쟁이 벌어졌지. 부퐁이란 어릿광대라는 뜻으로 수입회사 대표 에우스타키오 밤미니의 별명에서 연유했는데, 오페라세리아를 좋아하는 팬과 오페라부파프랑스에서는 오페라코미크라고도 함를 좋아하는 팬 간의 논쟁이라 할 수 있어. 이 논쟁이 3년간 이어지면서 〈마님이 된 하녀〉와 페르골레지를 모르는 사람이 없을 정도였어. 이후에도 두 부류 간의 논쟁은 끊이지 않았어. 장 바티스트 륄리와 장 필리프 라모 등이 확립한 프랑스 궁정 오페라를 비롯한 오페라세리아에 대한 지지 세력과, 이탈리아풍의 오페라부파를 좋아한 장 자크 루소와 계몽사상가가 맞붙어서 이후로도 100년 가까이나 논쟁이 이어졌어.

루이 14세 이후 절대왕정이 무너져 가면서 사회 분위기도 바뀌어서 신화에 기초한 오페라보다 인간의 일상에 바탕을 둔 오페라부파를 선호하는 쪽으로 기울었지.

진지한 오페라세리아는 궁정과 귀족 사회에서 주로 사랑받은 데 비해 가벼운 오페라부파는 부르주아와 서민층의 사랑을 받았으니 결국 이 논쟁은 왕당파와 신흥 중산층의 대립과 갈등으로도 볼 수 있어. 이렇듯 오페라부파의 유행은 프랑스혁명 이전까지의 사회 분위기를 잘 보여 줘.

# 3장

◆◆◆

# 튜더왕조의
# 빛과 그림자

# Anna Bolena

# 천 일의 앤,
# 그녀의 슬픈 노래

〈**안나 볼레나** Anna Bolena〉1830

**가에타노 도니체티** Gaetano Donizetti, 1797~1848

〈안나 볼레나〉의 서곡과 아리아를 들으면 처음에는 어리둥절해지기 쉽다. 젊은 나이에 사랑의 회한을 안고 참수되는 한 여인의 비극을 그린 내용과 어울리지 않게 음악이 가볍고 발랄한 느낌이 들기 때문이다. 특히 서곡은 지나치게 밝고 경쾌하다. 무도회에서 빙글빙글 원을 그리며 왈츠라도 춰야 할까 싶을 정도로 경쾌한 느낌이다.

그것은 당대에 유행했던 벨칸토 오페라의 특징이다. 화를 내는 장면이든 슬픈 장면이든 항상 고운 소리로 노래하는 것이 벨칸토가 유행하던 시대의 창법이었다. 아름다운 음악을 우선으로 한 벨칸토 오페라의 특징을 기억하고 오페라를 감상해 보자.

## 어디까지가 역사적 사실일까?

펠리체 로마니가 대본을 쓰고 도니체티가 작곡한 〈안나 볼레나〉는 이탈리아어 이름으로, 흔히 '앤 불린 Anne Boleyn'이라는 영어 이름으로 알려져 있다. 왕비가 된 지 1,000일 만에 간통을 했다는 억울한 누명을 쓴 채 처형된 영국 헨리 8세의 두 번째 왕비 앤 불린의 실화를 토대로 만든 오페라다.

앤 불린은 헨리가 아라곤의 캐서린과 20년에 걸친 결혼 생활을 무효로 하고 종교까지 영국국교회로 바꿔 가며 결혼한 여성이다. 그런 그녀가 어쩌다 비운을 맞은 것일까? 〈안나 볼레나〉를 보면서 당시 영국 왕실에 어떤 일이 벌어졌는지 살펴보자.

그 전에 짚고 넘어가야 할 점이 있다. 역사적 사건을 다룬 오페라라고 해서 역사적 사실만을 다룬 것은 아니라는 점이다. 좁은 무대 위에서 두세 시간 남짓 공연되는 극작품이다 보니 아무래도 시공간의 제약이 따른다. 때문에 인물이나 사건을 단순화하고, 극적인 재미와 효과를 높이기 위해 허구도 공공연히 집어넣었다는 점을 기억하자. 당대 튜더왕조에 대한 배경지식을 쌓은 뒤 〈안나 볼레나〉를 보면, 어디까지가 역사적 사실이고 어디가 각색되었는지 알 수 있어 색다른 재미를 느낄 수 있을 것이다.

몇 년 전에 고려 시대 기황후를 모델로 드라마가 제작되었다. 고려가 약할 때 원에 궁녀로 끌려간 여주인공이, 원의 황후가 되어 고려인을 도왔다는 내용이었다. 하지만 드라마와 달리 기황후가 실제로는 고려인을 괴롭히고 탄압한 인물이었다고 해서 역사극에서의 허구와 사실에 대한 논란이 번졌던 적이 있다.

〈안나 볼레나〉와 곧이어 살펴볼 〈마리아 스투아르다〉도 영국에서 공연되면 적지 않은 논란이 일어날 것으로 예상되는 작품이다. 〈안나 볼레나〉에는 결혼 전에 앤 불린이 사랑한 남성이 있었다는 설정이 나온다. 그리고 그 사랑이 드러나서 헨리가 질투하고 화내는 것처럼 그려진다. 물론 극의 긴장감과 재미를 위해 더해진 픽션이다. 공연을 위해서는 각색이 필요하다고 여겨서인지, 아니면 작사가와 작곡가 모두 영국인이 아니다 보니 타국의 역사에 민감하지 않아서인지 역사와 다른 설정과 내용을 크게 문제 삼지는 않은 듯하다.

하지만 오페라 작품을 감상하면서 그 속에 있는 세계사의 일면도 알고자 한다면, 어디까지가 사실이고 어디까지가 재미와 감동을 위한 허구인지를 잘 가려서 보고 감상해야 혼동이 없을 것이다.

〈안나 볼레나〉는 발표 뒤 한동안 인기를 끌었으나 그 뒤 오래도록 방치되어 잊혔다가 1957년 이탈리아 밀라노에 위치한 라 스칼라 극장에서 화려하게 부활했다. 오페라를 심폐 소생한 주역은 세기의 소프라노 마리아 칼라스다. 흑단 같은 머리에 흑진주처럼 빛나는 눈망울의 그녀는 마치 앤 불린의 화신인 듯, 매혹되지 않을 수 없을 만큼 아름답고 매력적이었다. 그리고 2011년 뉴욕의 메트로폴리탄 오페라극장에서는 러시아의 안나 네트렙코가 안나 볼레나 역을 맡아 공연해 엄청난 인기를 누렸다.

## 헨리 8세의 아내들

튜더왕조는 영국 TV 드라마와 영화에 단골로 등장하는 시대다. 헨리 8세와 엘리자베스 시대는 그중에서도 핵심이다.

헨리의 첫 번째 아내는 원래 그의 형의 아내, 즉 형수였다. 하지만 그의 형이 캐서린과 결혼하고 몇 달 뒤에 병으로 죽는 바람에 동생 헨리와 그녀가 결혼하게 되었다. 그녀는 오늘날의 스페인에 해당하는 아라곤의 캐서린이다. 캐서린은 영어식 발음이고 스페인식으로는 카트린이다.

헨리보다 여섯 살이 많은 캐서린은 헨리에게 좋은 아내였다. 1513년 헨리가 군대를 이끌고 프랑스에서 전쟁을 하는 동안 스코틀랜드의 제임스 4세가 영국을 침략했지만, 왕비는 군대와 함께 행동해 스코틀랜드를 무찔렀다. 제임스 4세가 죽자 캐서린은 피로 얼룩진, 죽은 왕의 외투를 헨리에게 선물로 보냈다.

그러나 캐서린에게는 아들이 없었다. 헨리는 뒤를 이을 아들이 있어야 영국의 미래가 안전하리라 믿고 아들을 몹시 바랐지만, 캐서린의 곁에는 여자아이 하나뿐이었다. 그 아이는 훗날 피의 메리 Bloody Mary라 불린다.

> ### 메리 1세
>
> 헨리 8세와 캐서린이 낳은 딸 메리는 1553년 7월 잉글랜드 최초의 여왕이 되었다. 왕위에 있는 동안 수많은 신교도를 탄압해 '피의 메리'라고 불렸다.

시간이 흘러 캐서린의 나이는 마흔이 넘었고 아이를 가지기 힘들어 보였다. 그때 헨리의 눈을 사로잡은 여인이 있었다. 검은 눈과 길고 흐르는 듯한 머리칼을 가진 그녀는 캐서린의 시녀, 앤 불린이었다.

헨리는 그녀와 결혼하기를 원했지만 먼저 캐서린과 이혼해야 했다. 영국은 가톨릭 국가여서 헨리는 교황에게 이혼을 허락받아야만 했다. 헨리의 추기경이 교황을 설득하려고 노력했지만 교황은 이혼을 허락하지 않았다.

캐서린은 스페인 출신의 공주였는데 당대에 스페인은 강한 나라인 데다 가톨릭 국가였기에 교황으로서는 스페인에 밉보일 일을 할 수 없었다. 게다가 캐서린은 당시 실세인 신성로마제국의 황제 찰스 5세의 조카뻘이라 교황이라도 쉽게 이혼을 허락할 수 있는 상황이 아니었다.

그렇다고 고분고분 말을 들을 헨리가 아니었다. 헨리는 로마가톨릭교회에서 벗어나기 위해 영국국교회를 만들고 스스로 영국국교회의 우두머리가 되었다. 더는 교황이 그에게 어떠한 권력도 행사할 수 없었다. 1533년 결국 헨리는 이혼했고 캐서린은 홀로 쓸쓸히 늙어 갔다.

헨리의 눈에 들어 왕비 자리를 꿰찬 앤 불린의 앞길은 어땠을까? 1533년 헨리와 결혼한 앤 불린은 그해 아이를 낳았다. 그러나 태어난 아이는 여자아이였다. 훗날 엘리자베스 여왕이 되어 영국을 반석에 올려놓은 인물이지만 출생 당시에는 그저 여자아이라는 이유로 실망을 안겼을 뿐이었다. 1536년 그들은 여전히 아들이 없었고, 헨리는 앤 불린에게 싫증이 났다. 〈안나 볼레나〉는 그 이후의 이야기를 다룬다.

어느덧 사랑이 시들어 자신을 잘 찾지 않는 남편 때문에 좌절한 앤 불린<sup>안나볼레나</sup>은 신세타령을 한 뒤, 시녀인 제인 시모어<sup>죠반나</sup>에게 "혹시 왕이 왕비 자리를 준다고 해도 속지 말라"라고 말하고 퇴장한다.

그저 지나치듯 한 말이었으나 시모어는 화들짝 놀란다. 그럴 만한 이유가 있었다. 헨리의 눈에 들어온 새로운 여인이 바로 앤 불린의 수석 시녀 시모어였기 때문이다. 이미 왕과 밀회를 즐기던 그녀는 양심의 가책을 느끼며 노래한다.

"그 말씀! 가슴을 찌르는구나…. 왕비께서 내 죄를 아신 건 아닐까? 아니야, 나를 꼭 안아 주셨어…. 자기를 배반한 뱀을 안아 주신 셈이지. 이 함정에서 어떻게 벗어날 수 있을까?"

첫째 부인 캐서린의 시녀 앤 불린에게 눈길이 갔던 것처럼 앤 불린의 시녀인 시모어에게로 마음이 갔으니, 헨리는 일관성이 있다고 해야 할까? 앤 불린으로서는 자업자득이라고 해야 하나? 하여튼 이제 앤 불린은 이전 왕비에게 줬던 아픔과 수모를 똑같이 겪게 된다.

헨리는 앤 불린과 이혼하고 시모어를 왕비로 맞이하기 위해 앤 불린에게 없는 죄를 뒤집어씌운다. 그녀가 바람을 피웠다며 기소해서 유죄 선고를 받게 한 것이다. 오페라에서는 헨리와 결혼하기 전부터 알던 그녀의 첫사랑 남성과 정분이 났다는 식으로 몰아갔지만, 사실은 왕실의 변기 담당관인 헨리 노레이스와 남동생 조지 불린, 궁정악사 마크 스미턴 등 6명이나 되는 남자와 엮어서 죄를 만들었다. 앤 불린 근처의 남자라면 다 끌어들인 셈이다. 그들은 1536년 처형되었고, 같은 해 5월 앤 불린도 참수되었다. 억울한 죽음이자 희생이었다. 그리고 헨리는 시모어와 결혼한다.

## 〈안나 볼레나〉 이후의 이야기

오페라에서는 극적인 효과를 높이기 위해 앤 불린이 처형당하는 날 헨리 8세와 시모어의 결혼식이 열리는 것으로 설정되었지만 사실 결혼식은 11일 뒤에 열렸다. 매력적인 외모와 재치를 가진 앤 불린과 달리 시모어는 평범하고 소박한 여성이었다고 한다. 하지만 헨리는 시모어에게 남다른 매력이라도 느낀 건지 아들이 급했던 건지, 이유는 몰라도 하여간 서둘러 결혼했다.

다행히 시모어는 1537년, 헨리가 목이 빠지게 기다리던 아들을 낳았다. 에드워드였다. 마침내 꿈을 이룬 헨리의 입꼬리가 귀에 걸린 모습이 보이는 듯하다. 하지만 기쁨도 감격도 잠깐, 출산 뒤 기력이 빠진 시모어는 병으로 세상을 떠난다. 앤 불린이 참수된 이후 1년 반쯤 지나 저세상 사람이 되었으니 시모어에게도 영광과 행복은 길지 않았던 셈이다. 〈안나 볼레나〉에서 왕에 대한 사랑과 앤 불린에 대한 죄의식 사이에서 갈등하고 번민하며 어쩔 줄 모르던 그녀를 생각하면, 인생은 참 덧없다는 생각이 든다.

이후 헨리는 결혼을 서두르지 않는다. 아들을 봤기 때문에 서두를 필요가 없던 것인지도. 그러다 1540년 1월 클리브스의 앤과 결혼했는데, 독일과 동맹을 맺기 위한 수단의 하나였다. 당시 왕실에서는 배우자가 될 사람을 초상화로 미리 보곤 했다. 오늘날로 치면 미래의 배우자감을 사진을 통해 보는 셈이다. 미래의 아내가 될 앤을 초상화로 보고 마음에 들어 결혼하기로 했지만 앤의 실물은 그림보다 좀 못했던가 보다. 헨리는 그녀를 처음 봤을 때부터 '마음에 들지 않는다'고 말했다고 전해진다. 시작이 그랬던 결혼은 오래가지 못했다. 기껏 6개월 뒤인 1540년 7월 앤은 이혼당했다. 불쌍하다고? 웬걸. 덕분에 살아남은 게 어딘가!

그 뒤 3주가 채 지나지 않아 헨리는 캐서린 하워드와 결혼한다. 그녀는 얼마 전에 이혼했던 앤과 달리 아름다웠다. 헨리는 흡족했지만, 이젠 왕비가 왕을 사랑하지 않았다. 왕은 이미 늙었고 지나치게 뚱뚱한 거구가 되어 있었다. 얼마 지나지 않아 헨리는 이상한 눈치를 챘고 곧 아내에게 연인이 있다는 것을 알게 된다. 그 결과 1542년 2월 하워드는 도끼로 참수된다.

이듬해인 1543년 헨리는 캐서린 파르와 결혼한다. 젊고 예쁜 여성이 딴짓하는 데 데인 왕은, 늙고 병든 자신을 돌봐 줄 간병인이나 말동무 같은 누군가가 필요했던 것 같다. 파르는 그런 의미에서 제대로 선택한 여인이었다. 그녀는 성격이 무던했는지 헨리는 물론 헨리의 아이들인 메리와 엘리자베스, 에드워드와도 잘 지냈다. 그러나 4년 뒤인 1547년, 이제는 헨리가 세상을 떠났다. 덕분에 파르는 살아남았다.

# Maria Stuarda

# 여왕 대 여왕,
# 뜨겁게 맞서다

〈**마리아 스투아르다**Maria Stuarda〉1835
**가에타노 도니체티** Gaetano Donizetti, 1797~1848

〈마리아 스투아르다〉에서 가장 극적인 부분은 잉글랜드의 여왕 엘리자베스 1세엘리자베타와 스코틀랜드의 여왕 메리 스튜어트마리아 스투아르다의 만남 장면이다. 두 여인은 팽팽한 말다툼을 벌이는데, 기분이 상한 메리가 쌓인 감정을 있는 대로 드러내며 으르렁댄다.

"앤 불린의 음탕한 딸이여! 당신은 사생아이며 첩의 자식이지. 왕위를 물려받을 자격도 없어. 그런 주제에 감히 불명예를 입에 올리다니, 영국의 왕좌가 당신 때문에 더러워졌다는 걸 아시오."

이에 격분한 엘리자베스가 "가라, 미친년이여. 가서 죽음을 준비하라. 저년이 제 무덤을 팠다!"라며 사형을 선언하기에 이른다.

## 메리 스튜어트, 스코틀랜드의 여왕

〈마리아 스투아르다〉는 벨칸토 오페라의 최고작이며 흥미진진한 내용의 작품이다. 〈안나 볼레나〉의 성공으로 자신감을 얻은 도니체티가 그 이후의 영국 역사를 토대로 역량을 발휘해 작곡한 것으로, 1837년에 쓴 〈로베르토 데버루Roberto Devereux〉와 함께 '여왕 3부작'이라 일컬어진다.

 특히 스코틀랜드의 여왕 메리 스튜어트와 잉글랜드의 여왕 엘리자베스 1세가 만나서 불꽃 튀는 말다툼을 벌이는 2막과 사형을 선고받은 메리가 장엄한 최후를 맞이하는 마지막 장면은 압권이라 할 만하다. 실러의 희곡을 바탕으로 주세페 바르다리가 대본을 쓰면서 극적인 설정을 추가해 긴장감과 재미는 더해졌으나 역사적 사실에 허구가 가미되어 호불호가 갈릴 법하다.

 어린 시절부터 갖은 마음고생을 하며 자란 엘리자베스는 남동생

에드워드, 언니 메리가 죽은 다음 왕위를 물려받는다. 하지만 여왕이 되었다고 해서 모든 문제가 풀린 것은 아니었다. 왕좌를 노리는 사람이 있었기 때문이다. 그중 제일 골칫덩이는 사촌인 스코틀랜드의 여왕 메리였다. 그녀는 엘리자베스의 후계자였다. 만일 엘리자베스가 결혼하지 않고 자녀도 없이 죽거나, 병이나 사고로 일이 생겨 왕의 업무를 볼 수 없을 때는 왕위를 메리가 계승하기로 되어 있었다.

메리는 키가 크고 날씬하며 무척 아름다워서 대중의 시선을 끌고 인기도 많았는데, 엘리자베스가 죽을 고비를 여러 차례 넘기면서 큰 것과 달리 그녀는 어려서부터 어려움 없이 자랐다. 태어난 지 단 6일 만에 부왕인 제임스 5세가 31세의 나이로 세상을 떠나는 큰일을 겪긴 했다. 하지만 운명을 슬퍼하기에는 그녀가 너무 어렸다. 그녀는 공주로 태어난 지 6일 만에 여왕이 되었고, 왕실의 아이는 부모의 생존과 무관하게 유모와 가정교사의 손에서 컸던 시절이라 크게 결핍을 못 느꼈던 듯하다.

어린 나이에 일찌감치 왕위에 올랐지만, 너무 어린 까닭에 메리의 어머니가 섭정하고 그녀는 어머니의 나라 프랑스로 보내져 온실 속 꽃처럼 자랐다. 그리고 프랑스의 왕 프랑수와 2세와 결혼해 궁중에서 생활하다가 남편이 일찍 죽자 스코틀랜드로 돌아와 여왕 자리에 앉았다. 그녀는 어린 나이에 왕위를 이어받고 어려움 없이 왕좌에 앉아서인지 왕의 지엄한 의무나 무게를 생각하는 진중함이 부족했다.

## 메리 여왕의 연인들

메리 여왕은 금방 사랑에 빠지는 타입이었다. 마음이 흔들려 쉽게 결혼을 하고 나면 자신이 선택한 남성의 치명적인 단점이 드러나 보이곤 했다. 그렇게 몇 명의 남성을 거치는 사이에 사건, 사고가 났다.

프랑스에서 스코틀랜드로 돌아온 뒤 그녀는 같은 종교인 가톨릭 신자 헨리 단리와 1565년 스코틀랜드에서 비밀리에 결혼했는데, 그들의 결혼 소식이 알려지자 반란이 일어났다. 단리는 키 크고 잘생긴 사내였는데, 매력적인 외모에 반해 결혼하고 보니 성품에 문제가 많았다. 술을 많이 마시는 데다 몸은 허약하고 성질은 사나웠다. 결혼한 지 오래지 않아 그는 아내가 리치오라는 궁정음악가 겸 비서와 너무 많은 시간을 보내고 있다고 생각해서 아내를 오해하고 질투했다.

어느 날, 메리와 손님들이 저녁 식사 파티를 하고 있을 때였다. 단리는 귀족 친구 몇 명과 메리의 방으로 가서는 리치오를 잡아 사정없이 밖으로 끌어내 살해했다. 임신 중인 아내가 보는 눈앞에서, 여러 차례 칼로 찔러서 말이다. 메리는 경악했고 남편에게 정나미가 다 떨어졌다. 하지만 배 속의 아이도 있고 남편이 두렵기도 해서 겉으로는 내색하지 않았다. 1566년 6월에 아들 제임스를 출산할 때까지도 메리는 자신과 아들의 안위를 걱정해서 잠자코 있을 뿐, 남편을 절대 용서하지 않았다. 단리를 싫어하는 사람은 많았는데, 그중 보스웰 백작 제임스 헵번이 있었다. 그는 왕족도 아니고 이미 유부남이었지만 메리는 그에게 크게 끌렸던 것 같다. 어쩌면 어리고 나약했던 이전의 두 남편과 달리 보스웰의 강인한 면이 그녀를 사로잡았을지도 모르겠다.

1567년 2월 9일 단리와 귀족 몇 명, 그리고 메리는 에든버러에 있는 커크 오필드라 불리는 외딴 집에 머물고 있었다. 단리가 천연두를 앓다가 회복 중이라 전염이 걱정된다며 궁이 아닌 임시 거처로 이끈 것이다. 그날 밤 11시에 메리는 갑자기 그곳을 떠났다. 시종의 결혼식 파티와 무도회에 참석하기로 한 약속을 잊고 있었다고 하면서. 그녀는 무도회가 끝날 무렵 궁에 도착해 얼굴을 잠시 비치고 12시쯤 잠자리에 들었다.

이윽고 밤 2시경 커크 오필드에서 굉음이 터져 나왔다. 화약 폭발 사고였다. 그곳에 있던 단리와 귀족들은 바로 목숨을 잃었는데, 이상하게도 잠옷을 입은 단리의 목에 졸린 자국이 있었다. 하지만 수사를 하거나 범인을 찾을 생각은 않고 보스웰은 서둘러 단리를 매장했다. 이후 메리는 '정부를 위해 남편을 살해한 여왕'이라는 의심을 받게 되었다. 메리가 단리의 죽음을 슬퍼하거나 눈물 흘리는 모습을 한 번도 보이지 않은 데다 남편이 죽고 석 달쯤 지나 보스웰과 서둘러 결혼식을 올렸기 때문이다. 어리석은 행동이었다. 단리의 죽음에 대한 의혹 때문에 국민들 사이에 폭동이 일어났고 위험을 느낀 보스웰은 해외로 몸을 숨겼다.

치정 문제로 원성을 산 메리 여왕은 죄수가 되어 끌려갔고 강제로 왕관을 포기해야 했다. 왕위는 그녀의 어린 아들에게 돌아갔고 그녀는 도망치듯 스코틀랜드를 빠져나와 영국으로 향했다. 사촌 언니가 여왕으로 있는 나라니까 어쨌든 남남보다는 나을 것이라 생각했던 걸까? 하지만 그들은 평범한 사람이 아닌 여왕이었고 문제는 그리 간단하지 않았다. 일단 엘리자베스가 죽으면 그 자리에 앉을 사람이 메리라는 것부터가 엘리자베스에게는 부담이었다.

또 다른 문제는 종교였다. 엘리자베스는 국교회를 믿었으나 메리는 가톨릭을 믿었다. 오늘날처럼 종교의 자유가 있는 시절이 아니다 보니 나라를 다스리는 최고 지존의 종교에 따라 전 국민의 종교가 왔다 갔다 하던 때였다. 사정이 그렇다 보니 잉글랜드인 중에서 가톨릭을 믿는 사람 중에는 스코틀랜드의 메리가 여왕 자리에 오르기를 바라는 사람이 많았다. 그들이 모의해 메리를 여왕 자리에 추대하면 문제가 커질 수 있었다.

## 엘리자베스 vs. 메리

1568년 메리가 말을 타고 영국으로 들어오자 그 즉시 엘리자베스에게 문젯거리가 되었다. 영리한 엘리자베스는 메리가 자신에게 껄끄럽고 위험한 존재라는 것을 모르지 않았다. 그렇다고 그녀를 스코틀랜드로 도로 보낼 수도 없었다. 보내면 그녀는 바로 죽음을 맞을 것이고 그러면 자신이 냉정하고 관대하지 못하다는 말을 들을 게 뻔했다. 엘리자베스는 여론의 힘을 두려워할 줄 알았다.

엘리자베스는 메리를 영국에 머물게 하는 대신 감시하기로 했다. 그렇다고 일반적인 죄수처럼 쇠창살 너머에 투옥시킨 것은 아니고, 성에 기거하게 하면서 품위 유지비도 주고 시녀도 딸려 보내서 부족함 없이 살게 했다. 하지만 감시의 눈길은 거두지 않았다. 이 모든 일은 엘리자베스의 명에 따라 아랫사람들이 했고, 메리와 엘리자베스는 실제로 단 한 차례도 만나지 않았다.

이러지도 저러지도 못한 채 19년이 흘렀다. 그동안 메리는 여러 성으로 옮겨 다녔고, 엘리자베스는 그녀를 직접 대면하지 않았다. 아마도 둘이 만나면 이런저런 이야기가 나올 것이고, 그러다 보면 오페라 〈마리아 스투아르다〉에서 두 여인이 죽여라 살려라 하면서 경멸과 저주로 가득 찬 말을 퍼부은 것처럼 관계가 더 꼬일 것을 염려했기 때문인지도 모르겠다.

메리는 엘리자베스에게 끊임없이 위협거리가 되었다. 그녀는 자신이 왕비가 되어야 한다는 생각을 숨기지 않았다. 교황도 1570년에 영국의 가톨릭교도에게 엘리자베스를 지지하지 말라고 했다. 이것은 영국의 가톨릭교도에게 종교와 여왕 중 하나만 택하라고 하는 것과 같았다.

엘리자베스는 메리에게 특별한 조처를 하지 않았지만, 엘리자베스가 각료로 임명한 프랜시스 월싱엄은 최상의 첩보원들을 심었다. 그는 메리가 바깥세상에 있는 친구들에게 편지를 쓰고 싶어 하는 것을 알고 공작원 하나를 투입했다. 그 공작원은 메리에게 편지를 방수 상자에 넣어서 커다란 맥주 통에 숨기면 감쪽같이 밖으로 보낼 수 있다고 알려 주면서, 만일의 위험에 대비해 메시지를 암호로 보내라고 했다.

한편 1586년에 앤서니 배빙턴이라는 사람이 은밀한 계획을 하나 세웠다. 엘리자베스를 죽인 다음 반란을 일으키려는 것이었다. 배빙턴과 동료들은 메리를 구출해 내고 외국 군대가 영국으로 쳐들어오게 해서 엘리자베스를 끌어내 죽인 뒤, 메리를 차세대 영국 여왕 자리에 앉히기로 계획을 짰다.

그는 메리에게 편지를 보내 이 모든 것을 알렸고, 메리는 배빙턴의 계획에 동의한다는 답장을 썼다. 월싱엄은 편지를 모두 가로챘다.

배빙턴은 체포되었고 1586년 9월에 처형당했다. 그다음 달에 메리는 재판에 부쳐졌고 유죄 선고를 받았다. 메리가 배빙턴과 내통해 엘리자베스를 죽이고 여왕이 되려던 음모를 꾸미다 발각되었기 때문에 형을 집행받게 된 것이다. 엘리자베스는 이를 알고도 메리를 죽이는 것을 내켜 하지 않았다. 그녀는 1587년 2월까지 사형집행장에 서명하지 않았다.

〈마리아 스투아르다〉의 1막을 보면 메리를 사형해 위험을 잘라 내라는 신하들의 충고에도 불구하고 엘리자베스가 사형집행장에 사인하기를 고민하는 장면이 그려진다. 신하들의 간언에 엘리자베스는 "매를 피해서 내게 날아든 새를 죽일 수는 없다"라고 대답하곤 했다. 〈마리아 스투아르다〉에서는 엘리자베스가 메리와 말다툼을 하던 중에 화가 나서 그녀를 처형하라고 소리치지만, 사실 메리를 살려 두는 것은 엘리자베스에게 위험부담이 너무 컸기에 결국 사형집행장에 서명한 것이다.

실제로 스코틀랜드의 여왕이었던 메리의 처형 장면은 기록이 잘 되어 있는 편이다. 메리의 처형 뒤 엘리자베스의 목사에게 보내진 처형 보고문이 있기 때문이다. 메리의 마지막을 살펴보자.

메리의 마지막 기도가 끝나자 사형집행인들이 그녀의 죽음에 대해 그들을 용서해 달라고 자비를 구했고, 그녀는 대답했다.

"온 마음으로 당신들을 용서합니다. 당신들이 나의 번뇌를 끝내 주리라 믿기 때문입니다."

살아도 죽은 목숨으로 번뇌뿐인 삶을 산 메리의 마지막 나날을 짐작할 수 있는 말이다. 이후 그녀의 겉옷이 벗겨졌다. 한 여성이 스코틀랜드 여왕의 얼굴 위로 성스러운 보자기를 덮었고, 재빨리 그녀의 머리쓰개를 핀으로 고정했다. 여왕은 쿠션 위에 무릎을 꿇었고 죽음에 대한 어떠한 표시나 조짐이나 두려움도 없이 라틴어로 몇 마디를 암송했다. 개신교와 영국국교회에서는 영어를 사용했기 때문에, 라틴어를 쓴 것은 죽을 때까지 스코틀랜드의 국교인 로마가톨릭을 신봉한다는 의미였다.

그런 다음 메리는 단두대를 손으로 더듬어 찾아서 머리를 그 위에 얹었다. 아주 조용히 단두대 위에 엎드리면서, 팔을 밖으로 뻗으면서, 라틴어로 세 번인가 네 번을 외쳤다.

"신이시여, 당신의 손에 맡깁니다."

사형집행인이 손으로 그녀를 가볍게 잡았고, 그녀는 처형당했다. 사형집행인은 그녀의 머리를 들어 올려 모두에게 보이면서 기도의 말을 했다.

"여왕에게 신의 자비를…."

머리쓰개가 벗겨지자 드러난 그녀의 머리칼은 마치 70세 노인의 것처럼 회색이었고 짧게 잘려 있었다고 한다. 마치 훗날 프랑스의 마리 앙투아네트의 마지막 모습과 흡사하다. 하얗게 빛바랜 머리는 혹독한 스트레스 때문이고, 짧은 머리칼은 처형에 앞서 방해가 되지 않도록 미리 자르는 까닭이다.

집행이 끝난 뒤 사형집행인은 놀라운 장면을 보고 경악한다. 목이 없는 몸이 움찔움찔 움직이는 것처럼 보인 것이다. 그리고 그녀의 옷 속에 감춰져 있던 강아지 한 마리가 발견되었다. 개는 시체를 떠나려 하지 않고 그녀의 머리와 어깨 사이에 몸을 눕혔다.

메리의 처형 장면이 오래 회자되는 데는 죽음을 앞두고 그녀가 보인 기품 있는 태도 때문이기도 하지만, 옷 속에서 나온 강아지가 시체 곁에 머물렀다는 부분도 영향이 있어 보인다. 평소 그녀는 푸른 벨벳 옷을 입혀 기를 만큼 강아지를 좋아했다고 한다. 그녀는 죽음의 두려움을 옷 속에 숨겨둔 강아지를 어루만지는 것으로 견뎌 낸 것일까? 이후 주인 잃은 강아지는 어떻게 되었을까?

## 왕좌의 무게

오페라에서는 엘리자베스보다 메리의 비중이 큰 것 같다. 제목부터 〈마리아 스투아르다〉라고 해서 메리가 주인공임을 밝히고 있다. 그래서인지 메리의 심정, 메리의 시선을 따라 이야기가 전개된다는 느낌을 강하게 받는다. 두 여성이 싸우는 장면을 보면 확연하게 드러난다.

엘리자베스는 한두 마디 자극적인 말에 팩하고 화내거나 성질부리는 사람이 아니었다. 실제의 그녀는 굉장히 선이 굵고 이성적이었다. 말 그대로 여장부였다. 동시에 여론에 민감하게 신경을 썼다. 고단한 삶이 그녀를 키웠다. 10세 전후에 어머니가 네 번이나 바뀌는 일을 겪고, 아버지란 사람은 성질 더럽고 괴팍한데 왕이랍시고 권한은 무소불위라 그의 말 한마디에 희비가 오락가락하는 살얼음판을 걷다시피 했다. 어머니도 다르고 종교도 다른 데다 자신을 경쟁자이자 위험인물로 봤던 언니, 메리 여왕 밑에서 죽음의 고비를 넘기기 위해 땅바닥에 온몸을 오그려 붙이고 절치부심하며 산 게 한두 해가 아니었다.

반면 스코틀랜드의 메리는 자신이 짊어져야 할 무게, 상속자로서의 무게를 모르거나 알아도 신경 쓰지 않았을 만큼 철이 없고 세상 물정에 어두웠다. 지존의 자리에 앉은 자는 국민이 바라는 높은 인격과 기품을 갖춰야 했다. 노류장화나 은근짜처럼 제 맘에 드는 연인 품을 바꿔 가며 사랑놀이를 해서는 안 되는 자리였다. 본능에 충실한 애정 행각으로 그녀는 나락에 떨어졌고 결국 목숨까지 잃었다.

세월이 흐르고 엘리자베스는 메리의 처형을 승낙하는 서명을 한 것을 후회한다. 마음이야 알 수 없지만 적어도 겉으로는 후회하는 말을 많이 했다. 늙어 기력이 빠져 가면서 권력의 무상함에 허전해했다. 그녀가 아끼고 사랑한 탐험가 월터 롤리를 처단한 뒤 더했다.

그녀는 독신으로 죽음을 맞았기에 자녀가 없었다. 후계자를 지명해야 할 때 그녀는 누구를 꼽았을까? 후계자 1순위였던 메리는 이미 처형되고 없었다. 엘리자베스 여왕은 스코틀랜드의 제임스 6세를 후계자로 지목한다. 그가 제임스 1세로 영국 왕을 겸하게 된다.

그가 누구일까? 놀랍게도 그는 처형된 메리의 아들이다. 그가 스코틀랜드와 잉글랜드를 함께 통치하면서 오늘날과 같은 영국의 영토와 국민의 경계로 확장되었다. 후세 없이 죽은 엘리자베스가 메리의 아들을 후계자로 삼은 까닭이다.

기록에 따르면 사실 메리가 처형당하기 전에 스코틀랜드의 제임스 6세와 엘리자베스 사이에 거래가 있었다고 한다. 제임스 6세는 세상의 눈을 의식해서 겉으로는 사절단을 보내 메리를 처형하는 것에 항의하는 퍼포먼스를 했지만, 뒤로는 대리인을 보내 훗날 영국의 국왕 자리를 자기에게 넘겨 줄 것을 엘리자베스가 책임지고 약속하면 메리의 처형도 묵인할 의사가 있음을 밝혔다. 메리는 자신이 낳은 아들에게도 철저히 버림받은 비운의 여인인 셈이다.

## 도니체티와 벨칸토 오페라

도니체티가 만든 여왕 3부작은 모두 역사를 바탕으로 한 작품이지만, 허구가 꽤 섞였다. 〈마리아 스투아르다〉에서 엘리자베스는 '국왕'보다는 '여성'이라는 데 초점이 맞춰진 채 이야기가 흐른다. 사랑하는 남성이 스코틀랜드의 메리를 사랑해서 엘리자베스가 질투하던 중에 그녀와 말다툼을 하고 사형을 명하는 것을 보면 알 수 있다. 그러나 역사 속의 엘리자베스는 감정에 휩쓸려 일을 처리하거나 질투로 타인을 사형시킬 만큼 공사를 구분하지 못하는 인물이 아니었다.

　　도니체티는 로시니와 빈첸초 벨리니와 함께 벨칸토 오페라의 대가로 꼽힌다. 벨칸토 오페라는 상대적으로 드라마의 줄거리나 내용보다는 음악을 우선시해, 노래와 선율을 위해 가사가 있는 식이었다. 극의 대사를 위해 노래를 입히는 리하르트 바그너와 반대되는 관점이었다. 게다가 도니체티는 로시니보다도 작곡 속도가 빨랐다. 도니체티의 오페라에 나오는 노래가 하나같이 곱고 아름답고 화려하지만, 내용에는 역사적 사실과 다른 허구가 꽤 섞여 있는 이유가 어느 정도는 거기에 있다.

또한 관객의 관심과 흥미를 끌기 위해 첨예한 갈등 상황을 만들다 보니 작품 속에 종종 역사가 아닌 허구가 첨가되기도 한다. 그래도 엘리자베스 여왕이나 튜더왕조 이야기는 역사 그 자체로도 흥미로우니까, 사실 그대로를 담았어도 멋진 작품이 탄생하지 않았을까? 오페라를 즐기되 실제 역사와 허구의 경계는 알고 감상하도록 하자.

## 벨칸토와 카스트라토는
## 무슨 관계가 있나요?

벨칸토 bel canto는 '아름다운 노래'라는 뜻의 이탈리아어야. 18세기 후반에서 19세기 초반까지 이탈리아 오페라를 중심으로 발달한 창법이지. 드라마의 극적인 표현보다는 빠르고 화려한 기교와 아름다운 소리, 우아하고 서정적인 선율 등을 중요시해. 드라마의 내용보다는 기교를 과시하는 데 치우쳐 오페라의 균형이 깨지는 폐단도 생겼어.

벨칸토 스타일이 크게 유행한 로시니, 도니체티, 벨리니 시대를 '벨칸토 시대'라 부르고, 이런 풍으로 만들어진 오페라를 '벨칸토 오페라'라고 해. 벨칸토 창법은 가장 아름답고 완벽하다고 평가되는 창법의 하나지. 지금도 로시니, 도니체티, 벨리니 등의 오페라에는 벨칸토 창법이 가장 잘 어울리는 것으로 여겨져. 그래서 많은 성악도가 벨칸도 창법을 익히려고 노력하지.

벨칸토 오페라는 이야기의 내용보다 아름다운 노래와 음악에 치중했기에 현란한 장식음을 낼 수 있는 뛰어난 기량의 가수가 필요했어. 이탈리아 출신의 카스트라토, 파리넬리가 으뜸으로 꼽혔지.

카스트라토는 변성기가 시작되기 전에 고환을 제거한 거세 가수를 일컬어. 거세 수술을 받으면 정상적인 신체 발육은 이뤄져도 목에 울대뼈는 나오지 않으며, 후두는 성인 남성의 3분의 1 정도로 작고, 성대도 보통 남성보다 짧아 높은음을 낼 수 있다고 해.

카스트라토는 1565년경 교황 전용 예배당인 시스티나 성당 합창단에서 시작되어 오페라 무대로 이어졌는데, 카치니와 페리의 〈에우리디체〉, 몬테베르디의 〈오르페오〉 등 초창기 오페라부터 어김없이 카스트라토가 등장했고 글루크, 게오르크 프리드리히 헨델, 모차르트도 카스트라토를 위한 아리아를 작곡한 적이 있어.

카스트라토가 생겨난 이유는 당시 교회에서 여성의 성가대 활동을 금지했기 때문이야. 여성 없이 높은 소리를 내기 위해 카스트라토를 길러 낸 것인데, 카스트라토는 여성의 맑고 높은 목소리와 남성의 강한 목소리를 함께 갖춰 3옥타브에 이르는 넓은 음역을 소화해 낼 수 있었어.

이처럼 높은 소리가 필요했던 음악적 필요 때문에 생겨난 카스트라토였지만 윤리적으로나 사회적으로 그 폐해도 컸어. 때문에 1806년 11월 이탈리아를 점령한 나폴레옹은 오페라극장에 카스트라토가 나오지 못하게 막았어. 카스트라토의 온상이었던 나폴리 음악원에 거세한 소년의 입학 금지령을 내린 사람도 나폴레옹이었지. 이후 카스트라토는 차츰 줄어들다 20세기 초반이 지나자 모습을 감췄어.

# 4장

## 억압받는 현실 속, 나라와 연인을 노래하다

# NABUCCO

# 국가國歌보다 사랑받는
# 이탈리아 독립의 노래

〈**나부코** Nabucco〉1842

**주세페 베르디** Giuseppe Verdi, 1813~1901

〈나부코〉에는 〈히브리 노예들의 합창〉으로 알려진 유명한 곡이 있다. 원래 제목은 〈가라, 생각이여, 금빛 날개를 타고〉이며, 고대 바빌론에 잡혀간 히브리인들이 고국을 그리워하는 장면에서 부르는 합창곡이다. 베르디가 이 노래를 작곡할 당시 이탈리아는 오스트리아의 지배를 받고 있었기에, 이탈리아인의 애국심을 자극했다. 〈히브리 노예들의 합창〉에 마음을 사로잡힌 이탈리아인은 모두 "비바, 베르디!"를 외치며 뜨거운 애국심과 독립 의지를 다졌다. 마침내 이 노래는 이탈리아의 국가보다 더 사랑받는 비공식적인 국가가 되었고, 오늘날에도 여러 나라에서 사랑받고 있다.

## 슬픔 속에 탄생한 작품

〈리골레토〉, 〈라 트라비아타〉, 〈아이다〉 등 주옥같은 오페라를 남긴 베르디는 12세에 성당의 오르간 연주자가 될 정도로 어려서부터 음악에 재능을 보였지만 집안이 가난해 체계적인 교육을 받지 못했다. 그러다 스승이자 후원자인 안토니오 바레치의 도움으로 밀라노에서 음악 공부를 계속할 수 있었고 23세가 되던 1836년에는 바레치의 딸 마르게리타 바레치와 결혼했다.

하지만 행복은 그리 길지 않았다. 아이 둘을 영양실조로 잃고 얼마 안 되어 아내마저 폐결핵으로 세상을 떠났다. 부유했던 바레치의 딸을 아내로 맞아 가난 속에 고생만 시키다 사별했으니 그 참담함은 이루 말할 수 없었다. 그때 베르디가 27세였으니, 식민 치하의 가난한 이탈리아의 젊은 음악가로서 감당하기 힘든 슬픔을 겪은 것이다.

그 와중에 계약되어 있던 희극에 곡을 입히고 또 발표해야 했다.

슬픔이 온 마음에 가득 차오른 상태에서 관객을 웃기는 희극에 어울릴 곡이 잘 쓰일 리 없었다. 게다가 당시에는 작곡가가 무대에서 오케스트라를 지휘해야 했으니 무대에서 관객의 비웃음을 고스란히 받아야 했다. 베르디는 슬픔과 환멸 속에서 음악이고 뭐고 다 그만두고 그저 죽고만 싶었다.

그때 라 스칼라 극장의 흥행가 바르톨로메 메렐리가 베르디에게 작곡을 해보라고 오페라 작품을 의뢰했다. 음악에 대한 열의를 잃고 포기하려던 베르디였기에 건성건성 흘려들었다. 집으로 돌아온 베르디는 지인이 주머니에 찔러 준 대본을 보지도 않고 던졌는데 우연히 대본 한쪽이 눈을 찌르듯 들어왔다. 첫 번째 가사 "가라, 생각이여, 금빛 날개를 타고"였다. 그 가사가 베르디의 마음을 사로잡았고 결국 베르디는 작품을 맡기로 했다. 바로 오페라 〈나부코〉였다.

## 잃어버린 고국을 향한 그리움

제목이 〈나부코〉라니, 어느 일본인 이름인가 싶다. 사람 이름인 건 맞지만 '나부코'는 '나부코도소르'라고 하는 고대 바빌로니아 사람의 이름을 이탈리아식으로 줄여서 부른 것이다. 영어로 '네부카드네자르' 또는 '느부갓네살'이라고 한다. 성서나 세계사 책을 좀 읽어봤다면 '어라? 어디선가 들어 본 이름인데?'라고 생각할지도 모르겠다. 맞다. 성서에는 실존 인물도 꽤 나오는데, 그중 하나가 바빌론의 왕 느부갓네살이다.

열왕기하 24장에서 25장에는 느부갓네살과 이집트의 파라오가 유다왕국을 정복하기 위해 싸우는 이야기가 나온다. 싸움에서 이긴 느부갓네살은 유다의 왕 시드키야의 아들들을 죽이고 시드키야의 눈을 멀게 했다고 하니 꽤 잔인한 인물이었던가 보다. 오페라의 배경이 되는 기원전 586년은 그의 군대가 예루살렘을 정복하고 솔로몬이 세운 유명한 성전을 파괴한 뒤 성전의 물건과 함께 유대인들을 바빌론으로 잡아가 노예로 부렸던 때다.

구약성서의 시편 137편은 "바빌론 기슭, 거기에 앉아 시온을 생각하며 눈물 흘렸다"로 시작한다. 모세와 여러 예언자에게 전해 들은 경고를 무시하고 이방의 신을 섬긴 결과, 유대 민족은 다른 나라의 노예로 끌려간다. 바빌론으로 이주당한 유대인들은 고통 속에 살면서 성전이 있던 시온을 기억하고 예루살렘을 그리워하며 울었다. 70년간 바빌론에 유배되어 있던 그 시절을 '바빌론유수'라고 부른다.

바빌론유수를 배경으로 하는 〈나부코〉에서는 수많은 유대인 노예가 바빌론 강기슭에 앉아 쓸쓸하게 노래를 부른다. 원래 노래의 제목은 도입부에 나오는 가사대로 〈가라, 생각이여, 금빛 날개를 타고〉지만 〈히브리 노예들의 합창〉으로 더 많이 알려져 있다. 이탈리아에서는 제2의 국가라고 할 만큼 즐겨 부른다고 한다.

베르디의 〈나부코〉는 바빌론유수를 배경으로 했지만 역사에만 충실한 것은 아니었다. 사실 큰 뼈대는 오만과 독선으로 기고만장했던 바빌론의 왕 나부코의 회개와, 베르디가 특히 재능 있던 삼각관계 이야기를 담은 픽션이었다. 나부코의 작은딸 페네나와 유대인 청년 이스마일이 서로 사랑하는데 큰딸 아비가일이 그 사이에 끼어 문제가 되는, 이른바 '테너와 소프라노가 사귀면 바리톤이 방해한다'는 식의 전형적인 구도가 나온다. 바리톤 대신 또 다른 소프라노가 방해하지만 말이다. 그러니까 원래 이 작품은 삼각관계의 사랑 이야기를 특색 있게 펼쳐 보이려고 성서의 한 부분을 빌려 온 것이었다.

그런데 뜻밖에도 3막의 한 장면이 관객의 마음을 파고들었다. 잃어버린 고국에 대한 절절한 그리움을 〈가라, 생각이여, 금빛 날개를 타고〉라는 노래에 담아 부르는 히브리 노예들의 합창 장면이었다. 이탈리아인들이 전율을 느끼며 열광했다. 그들이 처한 상황과 심정을 대변하는 듯한 노래 가사 때문이었다. 비탄 속에서 그리운 고향을 회고하는 내용이 이탈리아인들에게 화려했던 과거의 선조들을 떠올리게 하고, 동시에 서글픈 식민 치하의 현실에 눈뜨게 한 것이다.

이토록 빼어난 선율을 창작하게 된 데는 베르디에게 아픈 개인사가 있었기 때문은 아니었을까 싶은 생각도 든다. 나직하게 읊조리는 듯한 슬픈 가사를 들을 때면, 지극한 슬픔 속에서 극도의 인내로 빚은 선율이 정화수처럼 맑고 고요하게 듣는 이들의 가슴과 귀를 사로잡는 듯하다.

## 독립운동 당시의 이탈리아

19세기 중반까지만 해도 이탈리아는 여러 개의 도시국가가 조각보처럼 나뉜 채 살아가던 상태였다. 베르디가 청·장년기를 보낼 때 이탈리아 북동부는 오스트리아의 통치를 받았고, 로마 주변은 교황령, 남부의 나폴리와 시칠리아는 부르봉 왕가의 지배를 받았다. 그런데 이웃한 프랑스에서 혁명이 일어나고 나폴레옹이 승리를 거두는 등 자유와 평등에 대한 새로운 이념이 번지자 이탈리아도 점차 영향을 받았다.

이탈리아는 나폴레옹 시대에 프랑스에 지배당했는데, 1815년 나폴레옹이 워털루 전투에서 패하자 오스트리아의 지배를 받게 되었다. 빈 회의에서 유럽의 고위 정치인이 모여 왈츠를 추며 놀다가 사이사이에 의결한 결과로 말이다. 나폴레옹의 패배로 프랑스의 지배가 끝나나 했더니 오스트리아의 지배를 받게 된 많은 이탈리아인은 분노하고 실망했으며, 통일을 간절히 바라게 되었다.

## 이탈리아 통일 영웅

이탈리아 통일에는 세 명의 영웅이 큰일을 했다. 바로 주세페 마치니, 카밀로 벤소 카보우르, 주세페 가리발디다. 통일은 이들의 공동 작품이라 할 수 있는데, 그들은 각자 뚜렷한 성향이 있었다.

혁명가이자 통일 운동 지도자인 마치니는 자유와 통일을 위한 이

탈리아의 운동을 일컫는 리소르
지멘토의 기수旗手였다. 프랑스혁
명의 영향을 받아 민족 통일과 민
주공화국의 실현을 꿈꾸는 공화

**리소르지멘토**Risorgimento

'재기', '부흥'을 뜻하는 이탈리아어.
하나의 나라로 뭉치자는 이탈리아
통일 운동과 독립운동을 의미한다.

주의자가 된 마치니는 민중이 주도하는 운동만이 이탈리아를 해방
시킨다고 믿었다. 그는 1815년 이후 리소르지멘토 지도자들이 만든
비밀 조직인 카르보나리당Carbonari이 성공을 끌어내지 못하자 조직에
서 나와 1831년 프랑스 니스에서 청년이탈리아당Young Italy을 조직했
다. 청년이탈리아당은 이탈리아를 외세의 지배에서 해방해 단일 공
화국으로 만들 목적으로 이탈리아 청년들을 교육하고 봉기를 일으
키는 민족주의 비밀 혁명 조직이었다.

독립과 통일 운동을 하는 지도자이자 공화주의자였던 까닭에 마
치니는 늘 조직 활동을 하다가 쫓기거나 망명을 떠나야 했다. 하지
만 그는 세계 곳곳에 흩어져 있는 이탈리아인에게 민족의식을 심어
주기 위해 하나의 조직이 실패해도 또 다른 곳에서 새로이 조직을 만
들어 활동했다. 런던에서도 청년이탈리아당을 부활시키기 위한 활
동을 이어 갔다. 그것이 실패하자 1840년 파리에서 청년이탈리아당
을 부활시켰다.

마치니는 이탈리아인에게 그들의 선조가 위대한 제국을 만든 로
마인이라는 것을 상기시켰다. 중세 시대에는 로마교회가 서유럽 모

든 나라에 믿음을 전했고, 르네상스 시대에는 피렌체를 중심으로 이탈리아의 예술가와 문필가를 비롯한 장인이 활약해 전 유럽인의 부러움을 샀다는 걸 일깨웠다. 이와 더불어 "지금은 모든 것이 변했습니다. 우리에게는 우리의 국기조차 없습니다. 우리는 유럽 국가들 사이에서 어떤 목소리도 낼 수 없습니다"라고 탄식했다. 그로 인해 이탈리아의 독립과 통일에 대한 갈망은 뜨겁게 타오르고 번져 나갔다.

청년이탈리아당은 여러 차례 봉기를 일으켰으나 잇달아 실패하고 조직은 붕괴했으며 오스트리아 경찰을 피해 다락방에서 숨어 살곤 했다. 마치니는 이상주의자로서 독립과 통일에 대한 이념을 제시했다. 1849년 이탈리아로 다시 돌아온 마치니는 교황이 쫓겨나고 공화정이 선포된 로마에서 집정관 셋 중 한 사람으로 선출되었으나 그의 통치는 오래가지 못했다. 혁명 정부는 곧 전복되었고 이탈리아의 많은 지역은 다시 오스트리아의 지배를 받게 되었기 때문이다.

여러 단체를 만들어 봉기를 계속했으나 실패했고, 투옥되고 추방당하기를 거듭한 마치니지만 그의 한 일이 헛수고는 아니었다. 끊임없는 그의 노력으로 유럽에 이탈리아의 현실이 널리 알려지고 계속해서 문제를 제기하는 효과를 낳았으니 말이다.

한편 피에몬테의 토리노와 사르데냐섬을 중심으로 한 사르디니아왕국에는 제2대 국왕인 비토리오 에마누엘레 2세와 카보우르 수상이 있었다. 카보우르는 통통한 체구에 금테 안경을 썼는데, 감정적인 마치니와 달리 조심성 있고 현실적이었다.

카보우르는 1848년 마치니를 앞세워 민족주의자들이 일으킨 혁명이 연이어 실패로 돌아가는 것을 보고, 통일을 이루려면 뜨거운 열정만이 아니라 훈련된 병사와 힘 있는 동맹이 필요함을 깨달았다.

영민한 정치가인 카보우르는 실질적인 정책과 외교를 기획했다. 왕국의 경제와 산업을 발전시켰고, 비상하고 기민한 머리와 수상 자리를 이용해 조심스러운 외교 정책을 펼친 것이다. 1855년 크림전쟁에 피에몬테군을 참전시킴으로써 1856년 파리 강화 조약에 승전국의 일원으로 이탈리아 통일 문제를 국제 문제로 논의하도록 만들었다. 외교적 수완과 지략으로 사르디니아왕국이 유럽의 강대국 가운데 하나로 인정받을 수 있도록 국제적인 정세를 잘 활용한 것, 그로써 사르디니아왕국이 이탈리아 통일 운동의 중심이 되도록 한 것도 그의 뛰어난 수완 덕분이었다.

1858년 프랑스어에 능했던 카보우르는 나폴레옹 3세와 밀약을 맺어 프랑스군이 이탈리아반도의 북부 지방을 차지한 오스트리아를 물리쳐 주면 프랑스 국경 지대의 땅을 주기로 했다. 그 결과 1859년에 롬바르디아 지방을 획득했으며, 이듬해에는 밀약대로 사보이와 니스를 프랑스에 내줬다. 그해에 사르디니아왕국은 주민 투표를 시행해 중부 이탈리아를 병합했다.

마지막으로 호리호리한 체구에 덥수룩하게 수염을 길렀던 가리발디는 대중적으로 인기가 높았다. 1859년부터 이탈리아의 통일 전쟁에 참여했던 그는 특유의 카리스마를 발휘해 1860년 '붉은 셔츠단' 1,000여 명을 이끌고 원정을 떠나 시칠리아와 나폴리를 프란체스코 2세가 중심이 된 부르봉 왕가로부터 해방시켰다. 그는 이탈리아 곳곳에서 승승장구해 국민에게 감동을 줬다. 그 뒤 나폴리, 시칠리아, 마르케, 움브리아는 국민 투표를 통해서 피에몬테와 합병에 찬성해 남부가 통일되었다.

그는 이탈리아 통일에 큰 공을 세우고도 정치적 권한이나 혜택을 요구하지 않고 고향으로 돌아가 여생을 보냈다. 일생을 희생하며 통일에 공헌했지만 부와 명예를 지푸라기처럼 던졌기에 오늘날까지 이탈리아인은 그를 국민의 영웅으로 칭송하며 존경한다.

영화 '어벤져스' 시리즈를 보면 아이언맨, 토르, 캡틴 아메리카 등의 히어로가 각자의 특성대로 역할을 분담해 세상을 구한다. 그처럼 이 세 명의 탁월한 지도자들도 각자의 자리에서 통일이라는 하나의 목표를 향해 달려갔다. 늘 서로 의논하거나 함께 활동한 것도 아니고 각기 다른 전략과 전술을 썼지만, 이탈리아 통일이라는 하나의 목표를 향해 더할 나위 없이 멋진 조화를 이뤘다. 이탈리아의 영웅 마치니, 카보우르, 가리발디에게는 각각 통일의 혼魂, 통일의 두뇌頭腦, 통일의 검劍이라는 별칭이 붙었다.

## 하나의 이탈리아를 위해

세 영웅 사이에 갈등은 없었을까? 물론 있었다. 공화주의자인 마치니와 가리발디와 달리 카보우르는 사르디니아왕국을 중심으로 한 입헌군주제로 통일할 것을 주장했기 때문이다.

이탈리아 남부는 가리발디가 전쟁으로 통일했고 북부는 카보우르가 정치와 외교 능력으로 통일시켰는데, 남부와 북부를 누가 어떻게 통일하느냐는 문제가 남아 있었다. 가리발디가 남부에서 혁명에 성공한 이후 그의 공화주의 경향을 경계하던 카보우르가 남쪽으로 내려오기 시작하자 둘 사이에 충돌할 위기가 닥쳤다.

1860년 10월 26일, 나폴리 북쪽 테아노에서 비토리오 에마누엘레 2세와 가리발디가 만났다. 거기서 역사적으로 유명한 '테아노의 악수' 장면이 연출되었다. 전쟁 영웅 가리발디는 공화주의자였으나 비토리오 에마누엘레 2세를 '이탈리아 왕'이라고 불렀다. 카보우르가 설득했다고는 하나, 가리발디가 통일된 남부를 자진해서 사르디니아왕국에 바쳐 남부와 북부의 통일을 이뤘다. 이로써 알프스부터 시칠리아에 이르기까지, 베네토와 로마를 제외한 이탈리아반도 전체가 하나로 통일되었다. 가리발디의 결단으로 충돌 없이 통일이라는 대업을 이룬 것이다. 공화주의자였던 가리발디가 자신의 꿈을 포기하고 사르디니아왕국을 중심으로 한 통일에 찬성한 것은 그것이 현실적인 대안이라 생각했기 때문이었다. 카보우르는 국가 운영에 탁월한 능력을 가졌으니 그가 왕을 보좌하면 통일 이탈리아가 제대로 운영되리라고 믿었을 것이다.

이리하여 베네치아와 교황이 지배하던 로마를 제외하고 이탈리아 대부분이 통일되었다. 마침내 1861년 3월 통일 이탈리아 의회는 비토리오 에마누엘레 2세를 왕으로 하는 이탈리아왕국이 성립되었음을 선언했다. 베르디를 비롯한 모든 이탈리아인에게 마침내 이탈리아라는 온전한 국적이 생긴 것이다.

이후 프로이센과 오스트리아 전쟁을 통해 오스트리아가 약해진 틈을 타 1866년, 가리발디가 군대를 이끌고 베네치아에서 오스트리아군을 몰아내어 베네치아가 통합되었다. 몇 년 뒤에는 보불전쟁프로이센-프랑스 전쟁으로 프랑스군이 로마에서 떠나자 비토리오 에마누엘레 2세의 군대가 로마를 점령했다. 이탈리아는 이러한 과정을 거쳐 오늘날처럼 하나로 통합되면서 로마로 수도를 옮겼다.

## 비바 베르디! 전설이 되다

이탈리아의 통일을 이끈 사람은 세 영웅만이 아니다. 비토리오 에마누엘레 2세도 왕으로서 국민의 구심점 구실을 했으며, 베르디는 여러 주로 쪼개진 채 살아가던 사람들에게 '이탈리아인'이라는 하나의 공통된 정서를 일깨우는 데 크게 기여했다.

누군가는 베르디를 '이탈리아 건국 삼총사와 함께한 달타냥'이라고 평한다. 소설《삼총사》에 나오는 달타냥이 삼총사 못지 않게 활약하듯 베르디도 심장을 울리는 선율로 뜨거운 애국심을 일으켰기 때문이다. 또한 베르디는 통일을 위해 다방면으로 애를 쓰기도 했다. 그 당시 베르디의 흔적을 짚어 보자.

카보우르와 손잡고 북부 이탈리아를 침공해 오스트리아를 궁지에 몰아넣은 나폴레옹 3세가 느닷없이 오스트리아와 평화 협정을 맺었을 때, 이탈리아인의 실망은 이만저만이 아니었다. 베르디도 마찬가지였다. 오스트리아의 위성국인 토스카나대공국, 파르마공국, 모데나공국 등 이탈리아 중부 지역의 여러 국가도 분개해 자발적으로 피에몬테에 합치겠다고 나섰다. 그리하여 카보우르와 피에몬테는 중부 이탈리아를 품게 되었다.

부세토에서 대표로 뽑힌 베르디는 파르마 의회로 가서 그 결정을 도왔다. 1859년 9월 11일 파르마 의회는 만장일치로 피에몬테에 합쳐지기 원한다는 결정을 내렸다. 베르디는 비토리오 에마누엘레 2세에게 그 결정을 전하는 임무를 수행한 다음 카보우르를 만났고 그 뒤 마치니주의자에서 카보우르주의자로 바뀐다.

1860년에는 일부 옛 교황령과 토스카나에서도 비토리오 에마누엘레 2세의 입헌군주국에 합쳐지는 것에 찬성하는 표가 압도적으로 많이 나왔다. 이제 제2차 독립 전쟁기가 시작되었다. 남부 이탈리아를 이탈리아에 포함하는 대업이 진행될 터였다. 오늘날과 달리 당시 남부 이탈리아의 시칠리아왕국은 부르봉 왕조가 다스리던 하나의 주권국이었기에 그곳의 왕은 통일로 인해 자신의 기득권을 내려놓으려 하지 않았다.

이윽고 원정을 떠난 가리발디는 시칠리아 서쪽 해안에 상륙해 5월 27일 팔레르모를 장악하고, 7월 20일 메시나 해협 근처 밀라초 전투에서 승리한 뒤 바다를 건너 9월 7일 나폴리를 장악했다. 그야말로 파죽지세였다. 베르디는 전쟁 영웅들을 '진정한 마에스트로'라 칭송하며 기뻐했다.

1861년 1월과 2월, 첫 이탈리아 의회 총선이 실시되고 베르디는 의원으로 선출되었다. 그리하여 국회의원 경력이 있는 작곡가라는 특이한 이력을 갖게 되었다.

이탈리아인이 베르디에게 열광한 것은 아름다운 음악 외에 다른 이유도 있었다. 베르디의 작품이 공연되는 극장에서는 "비바 베르디!"라는 외침이 끊이지 않았는데, '비바'는 '만세'라는 뜻의 이탈리아어고 '베르디'는 작곡가 베르디뿐 아니라 통일 이탈리아 초대 왕을 상징했다. 베르디Verdi라는 이름을 보자. 신기하게도 비토리오 에마누엘레 2세Vittorio Emanuele Re D'Italia의 머리글자를 모으면 만들어지는 글자들로 이뤄진다. 그래서 관객은 베르디의 오페라를 본 뒤, 작품에 대한 감동에 더해 외국의 지배를 벗어나 통일을 이룩하자는 염원과 각오까지 담아 뜨겁게 베르디를 외쳤다. 이탈리아에서 베르디의 음악은, 음악 이상을 뜻했다.

베르디는 세계적인 작곡가로 명성과 부를 누렸지만 젊은 날의 가난을 잊지 않았다. 아내가 결혼하면서 가져온 패물을 팔아 집세를 낸 기억, 처자식과 사별했던 슬픔을 잊지 않았다. 그는 밀라노에 가난한 예술가들이 머물 수 있는 집 '카사 베르디'를 짓고 이를 자신이 한 가장 잘한 일로 꼽았다.

1901년 밀라노에서 베르디가 88세를 일기로 세상을 떠나자 수많은 사람이 그를 추모했다. 카사 베르디로 향하는 운구 행렬 주변에는 수많은 사람이 모여들어 울며 슬퍼했다. 소박했던 베르디는 자신의 장례식에서 어떠한 음악도 연주하지 말라고 했지만 아르투로 토스카니니가 지휘하는 라 스칼라 오케스트라와 합창단이 〈가라, 생각이여, 금빛 날개를 타고〉를 불렀고, 추모객도 뒤따라 합창했다. 그렇게 이탈리아인은 그들의 마음을 선율 하나로 묶었던 위대한 작곡가의 서거를 애도했다.

# 찬란한 고대 이집트와 에티오피아

## 〈아이다〉 Aida 1871

### 주세페 베르디 Giuseppe Verdi, 1813~1901

오페라 중의 오페라로 꼽히는 〈아이다〉는 고대 이집트를 배경으로 이집트의 장군 라다메스와, 포로로 잡혀 온 에티오피아의 공주 아이다의 슬프고 애틋한 사랑을 다룬 작품이다.

원래 수에즈운하 개통식 때 기념 오페라로 베르디에게 의뢰된 작품이었으나 기한을 맞출 수 없었고, 1872년에는 라 스칼라 극장에서 베르디의 지휘로 상연되어 서른 번이 넘는 커튼콜을 받을 만큼 큰 성공을 거뒀다.

2막 2장에 나오는 〈개선행진곡〉, 라다메스가 노래하는 〈청아한 아이다〉, 아이다가 노래하는 〈이기고 돌아오라〉가 특히 유명하다.

## 수에즈운하와 〈아이다〉는 무슨 관계일까?

1805년 이집트의 통치자 사이드 파샤에게 프랑스의 한 토목 회사에서 놀라운 제의를 해왔다. 프랑스와 이집트가 함께 투자해 지중해 남쪽 해안과 홍해의 왼쪽 끝을 잇는 운하를 건설하자는 것이었다. 사이드 파샤는 동의했고 이 운하는 훗날 수에즈운하라고 불린다.

운하가 개통되기 전에 유럽 사람이 인도나 중국에 가려면 보통 일이 아니었다. 배를 타고 아프리카 서부 해안을 따라 내려가 남쪽 끝의 희망봉을 돌아서 다시 북쪽으로 가고 또 동쪽으로 방향을 틀어 항해해야 했기에 엄청나게 오랜 시간이 걸렸다. 인도의 향신료나 중국의 도자기 등 수입품 가격이 원가에 비해 천정부지로 치솟았던 것도 그 때문이었다. 오가는 데 드는 연료와 시간, 선원들이 먹고 입고 자는 비용, 목숨을 걸고 떠나는 만큼의 위험 비용이 들었다. 그런데 운하가 개통되면 아프리카를 빙 둘러서 갈 필요 없이 지중해에서 운하를 통과해 곧바로 인도나 중국으로 가면 되니까 시간이며 비용이 훨씬 절감될 터였다. 그래서 많은 유럽인이 관심을 가지고 운하의 완공을 기다렸다. 10년의 건설 기간이 끝나고 마침내 수에즈운하가 완공되자 유럽에서 동양까지의 뱃길은 9,600킬로미터나 단축되었다.

사이드 파샤의 아들 이스마일 파샤는 1869년 11월에 있을 수에즈운하의 개통을 기념하면서 동시에 카이로 오페라극장을 개관할 계획을 세웠다. 기념식이나 축제에는 공연 하나쯤 있어야 근사한 법인데, 오페라극장 개관이니만큼 멋진 오페라 하나도 공연하자는 생각이었다. 이왕이면 최고의 오페라 작곡가가 만든 새로운 오페라로.

당대 유럽 최고의 오페라 작곡가는 단연 베르디였다. 그래서 거액의 작곡료를 제시하며 창작을 의뢰했다. 당시 베르디는 이미 은퇴해 조용히 살아가던 터라 처음에는 사양했으나 〈아이다〉의 대본을 보고는 작곡하기로 했다. 그만큼 대본이 매력적이었기 때문이었다. 하지만 아쉽게도 수에즈운하 개통식 행사장에서 〈아이다〉를 볼 수 없었다. 작품이 제때 완성되지 못해서였다. 베르디가 계약을 이행하지 못할 정도로 불성실했냐고? 천만에. 그건 베르디의 잘못이라기보다 당대의 역사 때문이었다.

1870년 12월에 이 작품을 상연하려고 베르디는 작곡을 서둘렀으나 1870년 보불전쟁이 벌어졌기 때문에 프랑스에 의뢰했던 무대 의상이 제때 도착하지 않았다. 〈아이다〉를 공연할 수 없게 되자 수에즈운하 개통식에는 베르디의 다른 작품인 〈리골레토〉가 공연되었다. 이집트나 수에즈운하와 상관없는, 좀 뜬금없는 배경과 내용이었지만 어쩔 수 없는 노릇이었다.

결국 〈아이다〉는 1년쯤 지난 1871년 12월 24일 카이로의 '이탈리아 극장'에서 초연되었고, 뜨거운 갈채를 받았다. 이후 1872년 2월 8일 라 스칼라 극장에서 유럽에서는 처음으로 〈아이다〉 공연이 열렸다. 베르디의 지휘로 공연한 〈아이다〉는 커튼콜을 서른 번도 넘게 받아서 베르디는 무대로 나가 인사를 하고 또 해야 했다.

## 〈아이다〉 이야기

이야기의 기본 모티프는 당시 이집트 브라크 박물관장으로 있던 오귀스트 마리에트로부터 나왔다. 왕의 의뢰로 작품의 줄거리를 찾던 그는 고대 사원의 제단 밑에서 남녀의 해골이 발굴된 데 착안해 여러 가지 사건을 더한 다음 작품의 줄거리를 만들었다. 이를 뼈대로 프랑스 대본가가 프랑스어로 대본을 쓰고, 안토니오 기슬란초니가 다시 이탈리아어로 대본을 만들었다. 여기에 베르디가 곡을 입혀 오페라 〈아이다〉가 탄생했다. 이야기는 다음과 같다.

아이다는 에티오피아 공주로, 이집트에 잡혀 와서 이집트 공주 암네리스의 시녀가 되었다. 이집트의 장군 라다메스는 아름다운 아이다에게 반하는데, 암네리스가 라다메스를 사랑하고 있었으니 사랑의 삼각관계가 되고 만다. 이때 에티오피아 군대가 이집트를 공격하고, 에티오피아 군대를 물리칠 장군으로 라다메스가 결정된다. 라다메스는 승리하고 돌아오면 왕에게 승리의 선물로 아이다와의 결혼을 부탁하려고 생각한다. 아이다도 라다메스를 사랑하기에 그가 승리하고 돌아오기를 바라지만, 그 전쟁의 상대가 자기 조국인 에티오피아이니만큼 갈등하며 괴로워한다.

아이다는 사랑을 따르자니 부모와 조국에 못 할 짓이고, 부모와 조국의 승리를 기원하자니 사랑이 안타까운 딜레마에 놓였다. 그때 부르는 노래가 〈이기고 돌아오라〉라는 아리아다. 찢어지는 가슴을 부여안고 부르는 노래인 것이다.

얼마 뒤 라다메스가 승리해 에티오피아 군인들을 포로로 끌고 돌아온다. 이때 우리의 귀에 익숙한, 트럼펫 소리 낭랑히 울려 퍼지는 〈개선행진곡〉이 나온다. 사랑하는 이의 귀환은 기쁘나 그가 끌고 온 포로 중에 에티오피아 왕인 아이다의 아버지도 있었으니 아이다의 마음은 이루 말할 수 없이 괴롭다. 라다메스도 고뇌에 빠진다. 이집트 왕이 라다메스와 암네리스가 결혼한다고 널리 공포했기 때문이다. 공을 세워 공주와 결혼하는 일이 다른 이에게는 더없는 영광과 기쁨일 수 있지만 라다메스는 아니었다. 그의 마음에는 오직 아이다가 자리하고 있을 뿐이었다.

라다메스와 아이다는 신전 앞에서 비밀리에 만나기로 한다. 그런데 마침 그 시간에 암네리스가 결혼식을 올리기에 앞서 기도를 드리기 위해 신전에 들어가 있었다. 그 사실을 모르는 아이다가 라다메스를 기다리고 있을 때, 아이다의 아버지가 나타나 아이다에게 라다메스로부터 이집트에 있는 비밀 통로를 알아내라고 요구한다. 그러다 라다메스가 나타나자 아이다의 아버지는 급히 숨는다.

아이다는 라다메스와 함께 에티오피아로 도망가자고 이야기하고, 라다메스는 아이다를 사랑해 동의한다. 라다메스가 도망가기 위한 비밀 통로를 말하자 숨어 있던 아이다의 아버지가 나와서 자기가 에티오피아의 왕이라 밝힌다.

이 모든 일을 몰래 숨어서 본 암네리스는 라다메스 앞에 나타나 '배신자'라고 외치고, 라다메스는 체포된다. 라다메스를 사랑하는 암네리스는 자기와 결혼하면 모든 죄를 없애 주겠다고 하지만 라다메스는 거절하고 결국 신전 지하에 갇힌다.

그런데 캄캄한 지하 구석에서 뜻밖에도 아이다가 나타난다. 라다메스는 아이다가 피신해 잘 살기를 원했지만, 아이다는 라다메스가 지하에 생매장될 것을 알고 함께 죽기 위해 미리 들어온 것이었다. 천장에서 모래가 내려와 쌓이고 점차 숨이 막히는 중에 아이다와 라다메스는 서로를 껴안고, 장렬히 죽음을 맞는다.

많은 세월이 흐른 어느 날, 신전 지하를 발굴하자 안고 있는 형상을 한 남녀의 뼈가 발견되었다.

## 아이다의 조국 에티오피아

오페라 〈아이다〉에 나오는 에티오피아는 어떤 나라일까?

에티오피아는 아프리카 대륙에서 이집트와 함께 가장 오래된 고대 문명을 꽃피웠고, 고유한 문명과 유적, 그리고 고유문자를 가진 나라다. 기원전 1000년, 이스라엘왕국의 솔로몬 왕과 그를 찾아온 시바 여왕 사이에서 태어난 아들 메넬리크 1세가 북에티오피아로 이주했고, 그것을 이어받은 악숨왕국으로부터 에티오피아의 역사는 시작된다고 알려져 있다.

고대 그리스의 역사가 헤로도토스는 "이집트는 나일강의 선물"이라고 말했는데, 나일강의 발원지도 사실은 에티오피아의 고원인 타나Tama 호수에서 시작된다. 타나 호수에서 발원한 청靑나일과 우간다의 빅토리아 호수에서 시작한 백白나일이 수단의 수도 하르툼에서 만나 북쪽 이집트로 흘러 지중해로 들어간다.

오늘날의 에티오피아는 아디스아바바를 수도로 하는 나라로, 정식 명칭은 에티오피아연방민주공화국이다.

## 옛날 오페라극장의
## 풍경은 어땠나요?

19세기 초까지만 해도 오페라극장은 오늘날과 달랐어. 전기가 들어오기 전이라 수많은 촛불로 조명을 했기에 커튼에 불이 옮겨 붙는 등 화재가 자주 일어나 지금 남아 있는 극장이 별로 없지. 객석은 오늘날보다 훨씬 환해서 오페라 대본을 보면서 감상할 수 있었대. 지금 상상하기로는 그림이 잘 안 그려지겠지만, 당시 1층에는 좌석도 없어서 먹을거리를 싸들고 극장에 가서 퍼질러 앉아 먹고 마시고 떠들면서 오페라를 구경하기도 했대.

 돈 많은 귀족은 위쪽의 작은 칸막이 방을 사서 그 안에서 맞선을 보거나 친교를 다지기도 했어. 커튼을 치고 놀다가 좋아하는 가수가 나오면 커튼을 젖혀 놓고 관람했기 때문에 커튼이 닫히고 열린 정도를 보면 오페라의 인기를 가늠할 수 있었대.

 1816년 로시니가 로마의 '아르헨티나 극장'에서 〈세비야의 이발사〉를 초연했을 때는 갖은 해프닝으로 난장판이 되었다고 해. 등장인물은 넘어져 코피가 나고 기타 줄이 끊어지는가 하면, 난데없이 고양이가 무대 위로 튀어나와 무대를 휘저었대. 게다가 조반니 파이시엘로라는 다른 작곡가의 숭배자들이 떼로 몰려와 야유를 퍼부으며 공연을 방해했었다지.

비제의 〈카르멘〉이나 바그너의 〈탄호이저Tannhauser〉 공연 때도 관객의 방해로 아수라장이 되었다는 기록을 보면, 당시 유럽 오페라극장에는 박수부대를 몰고 다니거나, 마음에 들지 않는 작곡가를 끌리기 위해서 고의로 작당을 하는 경우가 종종 있었음을 알 수 있어. 그런데 옛날에는 작곡가가 오케스트라의 지휘를 맡는 관례가 있었으니 지휘를 하면서 그 광경을 다 보는 작곡자의 마음은 참 괴로웠을 거야.

오페라극장이 작품 감상의 장소로 크게 변한 건 바그너 때부터였어. 1876년 바이로이트에 자신의 전용 극장을 지으면서 객석의 조명을 끄고 모든 좌석이 앞을 향하도록 고정하고 공연 도중 드나들 수 없도록 했지. 공연 도중 속삭이는 것도 금지하고 말이야. 어때? 이때부터는 오늘날의 극장과 꽤 비슷하지?

# 5장

◆◆◆◆

# 권력을 향한 욕망과
# 운명적 사랑

# Der Ring des Nibelungen

# 되살아난
# 북유럽 신화

## 〈니벨룽의 반지〉Der Ring des Nibelungen〉1876
## 리하르트 바그너 Richard Wagner, 1813~1883

라인강 밑바닥에는 세 처녀가 지키고 있는 금덩이가 있는데 그것을 훔쳐 만든 반지를 소유하면 세계를 지배하는 힘을 가질 수 있다. 많은 사람이 이 황금 반지를 손에 넣고자 오랫동안 투쟁하지만, 반지에는 저주가 담겨 있어 차례로 비극이 생기고 마지막에는 신과 소인, 영웅이 모두 멸망하고 구舊세계는 몰락한다.

위와 같은 줄거리의 〈니벨룽의 반지〉는 〈라인의 황금〉, 〈발키리〉, 〈지그프리트〉, 〈신들의 황혼〉으로 이뤄진 4부작 악곡이다. 이 중 〈발키리〉에 나오는 〈발키리의 기행〉은 비장하고 불안하며 긴장감 감도는 분위기를 자아내는 곡으로, 영화나 게임의 배경음악으로 널리 알려져 있다.

## 절대 권력을 주는 반지

바그너의 오페라 중에서 가장 많은 이야깃거리를 남겼을 뿐 아니라 영화 배경음악으로도 쓰이는 등 오늘날에도 여전한 인기를 누리는 작품으로 〈니벨룽의 반지〉가 있다. 라인강 바닥에 있던 황금 덩어리로 만든, 절대 권력을 주는 반지를 둘러싸고 신계와 인간계에서 치열하게 다투는 이야기로 이뤄진 오페라다.

'어라? 그거 어디서 들어 본 이야기 같은데?' 싶을 것이다. 맞다. 바로 그 작품, 《반지의 제왕》과 비슷하다. 하늘 아래 새로운 것은 없다는 말처럼 오늘날 제작된 영화 내용도 과거의 신화나 전설, 앞선 소설과 영화 등을 자양분으로 재창조되는 경우가 많다. 〈니벨룽의 반지〉도 원래 북유럽 신화에서 따온 것이며, 〈니벨룽의 반지〉에 나오는 절대 반지가 소설 《반지의 제왕》에 주요 동기로 작용했고, 소설은 영화화되어 세계에 널리 알려졌다. 그리하여 절대 권력을 주는 반지

이야기는 더 이상 북유럽만의 이야기가 아닌, 세계인이 보고 듣고 즐기는 콘텐츠가 되었다.

오페라 〈니벨룽의 반지〉는 바그너가 자그마치 26년이나 걸려 작사, 작곡해 만든 악극이다. 규모도 커서 전편을 다 보는 것은 여간한 용기와 체력이 아니고는 쉽지 않다. 〈라인의 황금〉, 〈발키

**바그너의 악극** Musikdrama

어려서부터 연극을 좋아한 바그너는 시와 음악, 무대예술에 관심이 많아 종합예술 작품을 만들고 싶어 했다. 기존 오페라가 음악에 중점을 둔다면 그는 극적인 요소가 더 들어간 새로운 형식, 악극을 추구했다.

리〉, 〈지그프리트〉, 〈신들의 황혼〉으로 구성된 초대작이라 연주하는 데도 무려 15시간 이상이 걸리기 때문이다.

가만히 앉아 감상하는 데만도 엄청난 시간과 노력이 필요한 이 작품을 어떻게 작곡했을까? 바그너의 머릿속에는 악상이 퍼내고 퍼내도 마르지 않고 솟아나는 샘물처럼 흘러나왔던 걸까? 여기에는 비결이 있다. 바로 이끔동기leitmotive, 라이트모티프의 복잡한 사용과 무한선율無限旋律의 사용인데, 바그너가 잘 쓰던 음악 기법이었다. 이는 기본 선율을 악기를 바꾸거나 부수적인 음들을 바꾸면서 확장하는 기법이다.

〈니벨룽의 반지〉에는 수많은 이끔동기가 나온다. 사물이나 사람, 상황 등 각각에 어울릴 만한 짤막한 선율을 많이 작곡해서 따로따로 대응시키는 것이다. 곡을 듣다 보면 모티프 선율만 듣고도 저건 누구

이고 무엇이며 어떤 상황이라는 것이 절로 떠오르게 하는 것이다. 수없이 듣고 훈련한 뒤의 이야기지만.

악극 네 편에 쓰인 이끔동기는 100개쯤 된다고 한다. 이 기법은 드라마의 음악적 통일성에 이바지한다. 예를 들어 영화 〈닥터 지바고〉에서 '라라의 테마'라는 특정한 선율이 있어서 그 노래와 라라 역의 캐릭터 또는 상황이나 분위기가 매치되도록 하는 기법과 같은 것이다.

또한 바그너는 곡과 곡 사이에 맺고 끊는 단절감이 느껴지지 않도록 선율을 계속 이어나갔는데, 이 방식을 바그너는 무한선율이라 했다. 모차르트도 〈피가로의 결혼〉에서 그런 방식을 실험한 적은 있었지만 본격적으로 쓴 것은 바그너였다. 오늘날에도 무한선율은 영화의 분위기를 자아내기 위해 쓰이고 있다. 이를 보면 바그너는 오페라뿐 아니라 여러 측면의 현대음악에 관해서도 개혁가이자 선구자였음을 알 수 있다.


## 〈발키리〉 이야기

〈니벨룽의 반지〉에서 가장 인기 있는 〈발키리〉를 살펴보자. 발키리 Valkyrie는 북유럽 신화에서 주신主神인 오딘을 섬기는 반신녀半神女들을 일컫는다. 오딘은 누굴까? 우리에게는 난쟁이들이 만들어 준 망치 묠니르를 휘두르는 천둥의 신 토르가 더 익숙할지도 모르겠다. 북유럽 신화에서 오딘은 바로 토르의 아버지다.

발키리는 고대 노르웨이어로 발퀴랴<sup>Valkyrja</sup>라고 하며, '전사자<sup>戰死者</sup>를 고르는 자'라는 뜻이다. 발키리는 아이슬란드, 스웨덴, 독일 등을 아우르는 북유럽 전설이라 발퀴리, 발큐레 등 다양한 언어로 전해진다. 발키리는 전쟁터에서 용감하게 싸우다 죽은 전사자의 영혼을 오딘이 기다리는 발할라 궁전으로 데려간다. 발할라에 도착한 전사자들은 오딘과 함께 마시고 싸우며 축제를 벌인다.

발키리가 여신 프레이야의 통솔을 받으면서 전장에 나가 전사자를 발할라로 데려올 때, 날개 달린 말을 타고 하늘을 날거나 백조의 모습으로 나는 그들이 입은 갑옷에는 빛이 난다. 사람들은 북극광인 오로라가 바로 이 빛이라고 여겼다.

〈발키리의 기행〉은 큰일을 앞둔, 뭔가를 깨부수거나 불태울 것 같은 불안감이 커지는 장면과 잘 어울리는 곡이라 영화와 게임에서 자주 쓴다. 영화 〈지옥의 묵시록〉의 헬기 장면을 보라. 헬리콥터 10여 대가 일제히 날아오는 모습에서 곧 큰일이 벌어질 듯한 긴장감을 준다. 〈지옥의 묵시록〉을 오마주한 영화 〈아바타〉에서도 삼각 날개를 가진 발키리 셔틀이 일제히 가파른 계곡 사이로 날아 다가

## 발키리의 기행? 비행?

전설 속의 발키리는 날개 달린 말을 타고 날아다니기 때문에 말을 탄다는 의미에서 보느냐, 아니면 날아다닌다는 행위에 초점을 맞추느냐에 따라 기행騎行 또는 비행飛行으로 해석이 가능하다.

올 때, 관객은 긴장감을 갖고 화면에 집중하게 된다. 분위기나 상황, 암시와 상징에 있어 그 장면에서 더 나은 음악을 찾기는 불가능했을 듯하다. 긴박한 일이 벌어지고 파국을 향해 달려가는 느낌이 들도록 하는 웅장하면서 장엄한 음악으로는 바그너의 음악을 대신할 것이 없다고 할 만하다.

## 독일의 통일 과정

앞서 베르디의 조국 이탈리아의 독립 과정을 살펴보았다. 베르디와 같은 해에 태어난 바그너가 살던 독일은 어떤 상황이었을까? 당시 독일은 오늘날과 달리 군주국 35개와 자유시 4개로 구성된 연방 국가 형태였다. 19세기에도 통일국가가 아니던 독일은 산업이 발달하고 사회가 발전해 가면서 국민이 통일을 바라게 되었다. 거기에 귀족과 지주가 이끈 경제적 통일이 촉진제 역할을 했다.

1830년대 프로이센의 귀족이자 지주인 융커들은 독일연방 사이에서 무역 거래를 했는데, 라인강을 따라 여러 지역을 거치면 화폐도 다르고 세금도 늘어나 불편한 데다 경제적이지도 않았다. 그들은 프로이센의 지도자들을 설득해 독일연방 내에서 모든 관세를 철폐시켰다. 1831년, 프로이센의 지도력 아래 독일 주들은 관세동맹을 맺어서 구성원 간에 세금 장벽을 낮추고 화폐 단위도 통일시켰다. 이윽고 1840년대 중반 즈음에는 독일연방의 주 대부분이 관세동맹에 가입했다. 경제를 통일함으로써 얻는 이익을 맛보자 많은 독일인이 정치적으로도 통일하면 좋겠다고 생각했다. 당시 독일연방의 주도권은 오스트리아와 프로이센이 쥐고 있었지만, 오스트리아는 관세동맹의 구성원이 아니었고 관세동맹은 프로이센이 이끌다 보니 정치적 통일을 향한 움직임도 프로이센이 중심이 되었다. 이때 등장한 인물이 빌헬름 1세와 오토 폰 비스마르크다.

1861년 빌헬름 1세가 프로이센 왕위에 오르고 1862년 비스마르크가 수상이자 외무장관으로 등용되었는데, 비스마르크는 자유주의에 반대하고 의회를 믿지 않았으며 왕권을 강화하려 했다. 비스마르크는 프로이센이 다른 독일 주들을 지배하는 형태의 통일을 원했다. 기민하고 현실적인 비스마르크는 전쟁을 통해서만 독일 통일이 가능하다고 확신했기에 수상 자리에 취임하자마자 군대 개혁부터 감행했다. 빌헬름 1세가 군비 확장 문제로 의회와 대립하자 비스마르크는 의회에 나가 연설했다.

"독일이 바라는 것은 프로이센의 자유주의가 아니라 실력입니다. … 통일을 위해 눈앞에 마주한 큰 문제는 연설이나 다수결이 아닙니다. 통일은 오직 쇠鐵와 피血로 결정될 것입니다."

군사력을 키우지 않고는 독일의 통일이 불가능하다는 것을 설파한 이 연설은 '철혈鐵血 연설'로 남고, 이후 비스마르크는 '철혈 재상'이라 불린다.

군사력을 강화한 덕은 곧 보게 된다. 1864년 덴마크의 슐레스비히와 홀스타인에 사는 독일계 주민이 덴마크에 반란을 일으키자, 프로이센은 오스트리아와 함께 파병해서 덴마크를 재빨리 무찌르고 독일계 주민을 해방시켰다. 그런데 슐레스비히와 홀스타인을 차지하자 프로이센과 오스트리아의 이해관계가 엇갈렸다.

덴마크로부터 지켜 낸 두 땅을 두고 오스트리아와 프로이센 사이에 벌어진 논쟁은 전쟁으로 이어졌다. 비스마르크는 전쟁 전에 수완을 발휘해 이탈리아와 프랑스, 러시아 등 주변 국가에 이권을 주어 프로이센이 오스트리아와 전쟁을 해도 주변 국가가 침범하지 못하도록 미리 손을 썼다. 그리하여 오스트리아는 프로이센보다 더 넓은 영토와 많은 인구를 가졌음에도 프로이센의 주도면밀한 계획과 효과적인 철도 시스템, 우월한 무기를 당하지 못해 지고 만다. 전쟁이 단 7주 만에 끝났기 때문에 '7주 전쟁'이라 부르기도 한다.

전쟁에 승리한 프로이센은 오스트리아를 독일연방에서 탈퇴시켰다. 이로써 오스트리아를 제외하고 프로이센 주도로 독일을 지배하려던 비스마르크의 목적은 이뤄졌고, 1867년 마인강 이북에 프로이센을 중심으로 하는 북독일연방을 이뤘다.

하지만 아직 남부 독일이 프로이센의 통제 밖에 있었다. 이 지역에는 가톨릭 신도가 많아서 신교도가 많은 프로이센에 지배되는 것을 반대했다. 프로이센에 남은 과제는 남독일의 연방을 북독일연방에 가입시켜 통일을 완성하는 것이었다. 그러나 걸림돌이 있었다. 이웃 나라 프랑스였다. 프랑스로서는 이웃인 프로이센이 강해지는 것이 달가울 리 없었다. 국경을 사이에 둔 나라가 세력이 커지면 자국에 위협이 될 게 뻔했기 때문이었다.

## 엠스 전보 사건

비스마르크가 독일 통일을 위해 프랑스와 싸울 기회를 엿보던 중, 기회는 엉뚱한 데서 왔다.

1870년 빌헬름 1세가 온천으로 유명한 휴양지 엠스에서 쉬고 있을 때 프랑스 대사 뱅상 베니데티가 찾아왔다. 스페인 국왕 자리에 빌헬름 1세와 같은 가문인 호엔촐레른가의 왕자를 앉히려는 움직임이 있는데 왕자가 그 자리를 사양하게 해달라고 부탁하러 온 것이었다. 프랑스로서는 스페인과 독일 양쪽으로 호엔촐레른가가 세력을 만드는 것이 부담스럽기 때문이었다. 빌헬름 1세는 그러겠다고 답했는데, 프랑스로서는 확답이 필요했든지 아니면 프랑스 대사가 완벽주의자였는지 또 방문했다. 그리고 이후에도 스페인 국왕 자리에 호엔촐레른가 사람을 앉힐 의사가 없다는 약속을 요구했다.

빌헬름 1세는 엠스에서 프랑스 대사와 나눈 회담 내용을 베를린에 있는 비스마르크에게 전보로 보냈다. 안 그래도 프랑스와 전쟁할 구실을 찾던 비스마르크는 프랑스 대사의 외교적 결례를 이용해서 전쟁을 일으키기로 마음먹었다. 그래서 국왕이 보낸 전보 내용을 살짝 왜곡해 악마의 편집을 한 뒤 신문사에 보냈다.

그의 의도대로 두 나라 모두 감정이 상했고 여론이 들끓었다. 프랑스인은 프랑스 대사가 모욕당했다고 여겼고, 프로이센인은 그들의 왕이 모욕당했다고 해석해 분노했다. 거기에 언론이 자꾸 기름을 붓자 민심은 부글부글 끓어올라 상대국에 강경한 대응을 보이길 원했다. 아슬아슬한 찰나에 먼저 선전포고를 한 쪽은 프랑스였다. 비스마르크가 싸움을 걸도록 교묘하게 조종한 것을 모르고 미끼를 덥석 문 것이다.

다혈질적인 프랑스 내각은 1870년 7월 14일 프로이센과의 전쟁을 결의하고, 다음날 국민 총동원령을 내렸으며 7월 19일에는 전쟁을 선언했다. 보불전쟁은 그렇게 시작되었다. 전보 한 장이 보불전쟁의 도화선이 된 것이다.

## 보불전쟁과 제1차 세계대전

보불전쟁이 일사천리로 진행된 데는 프랑스인이 그들의 군대를 지나치게 믿은 탓이 컸다. 나폴레옹의 군대가 1800년대 초에 그랬던 것처럼 프랑스군이 독일을 휩쓸 거라고 믿었다. 하지만 프랑스는 프로이센의 적수가 되지 못했다.

프로이센은 강력한 군사와 무기를 갖춘 데다 남부 독일 주들까지 프로이센을 도왔다. 나폴레옹 3세는 원군을 이끌고 전쟁터로 나섰으나 스당에서 프로이센의 포로로 잡히는 수모를 겪었다. 프랑스인은 혁명적 자치정부인 국민방위대를 중심으로 격하게 항거했으나 모든 면에서 역부족이었고 파리는 포위되었다. 1871년 1월 하순, 음식과 연료가 바닥나자 파리의 저항군은 항복했다. 패배와 함께 나폴레옹 3세는 왕좌를 포기했고, 프랑스는 공화국이 되었다.

보불전쟁은 프로이센의 강한 지도력 아래 독일을 통일시키려는 비스마르크의 마지막 걸음이었다. 독일연방 군주는 만장일치로 프로이센 왕 빌헬름 1세를 독일제국의 세습 황제로 추대했다. 이로써 19세기 최대의 현안이었던 독일제국이 마침내 탄생하게 되었다. 오스트리아는 제외된 채로 말이다. 빌헬름 1세는 독일의 카이저, 즉 황제의 왕관을 썼고 곧이어 비스마르크는 그 나라의 수상이 되었다. 카이저보다는 낮지만 관리로서는 최고의 자리였다. 독일은 강한 황제와 수상이 지배했다. 그들은 민주주의에 적대적이었고, 새 헌법도 카이저와 융커가 지배했다.

한편 전쟁에서 패배한 프랑스는 가혹한 처지에 내몰렸다. 1871년 프랑크푸르트 조약을 맺어 알자스와 로렌 지방을 프로이센에 넘겨주고, 50억 프랑에 이르는 배상금도 물어야 했다. 당시의 울분이 알퐁스 도데의 단편소설 〈마지막 수업〉에 잘 드러나 있다. 이 일은 프랑스인의 민족주의 정신을 자극했고, 두 지역을 되찾는 것이 염원이 되었다. 프랑스와 독일 간에 감정의 골이 깊어진 것은 말할 나위 없었다.

게다가 프랑스 국민은 파리 함락 전에 기막힌 일을 겪었다. 프로이센이 파리 입성에 앞서 1871년 1월 18일, 독일제국 황제 즉위식을 거행한 것이다. 그런데 그 장소가 베르사유 궁전에 있는 거울의 방이었다. 우리나라로 치면 경복궁에서 일본 황제 즉위식이 열린 셈이니, 프랑스 국민의 피가 끓을 일이었다. 이 일은 두고두고 프랑스인의 마음에 앙금으로 남아 복수의 때를 기다리게 된다.

세월이 흘러 제1차 세계대전에서 승리한 프랑스는 과거의 치욕을 제대로 갚는다. 패전국 독일에 대한 강화조약을 베르사유 궁전 내 거울의 방에서 맺은 것이다. 참으로 역사는 돌고 도는 건지, 아이러니하지 않을 수 없다. 프랑스는 알자스와 로렌 지방을 되찾고 독일에 천문학적인 배상금을 요구했다.

돈을 갚으려고 찍어 낸 화폐 때문에 독일은 천장을 뚫고 우주로 솟을 것만 같은 인플레이션을 겪었고, 국민의 삶은 말할 수 없이 피폐해졌다. 배고프고 춥고 앞은 보이지 않는 막막함 속에 혁명의 기운이 팽배해져 갔다. 그때 독일 국민 앞에 한 남성이 나타나 말했다. "우리 독일이 속한 아리안족은 세계 최고의 민족이다. 가슴을 펴라. 우리가 이렇게 힘들게 된 건 열등한 인종, 특히 유대인 탓이다. 베르사유 협정? 전쟁 배상금? 흥, 말도 안 되는 소리." 이렇게 외친 사람, 바로 아돌프 히틀러였다.

## 바그너와 히틀러

바그너의 곡은 오늘날에도 꾸준히 사랑받지만, 백안시하는 사람도 많다. 그 이유 중 하나는 바그너와 히틀러를 연관해서 생각하는 경우가 많아서다.

바그너가 죽은 지 6년이 지나 히틀러가 태어났기 때문에 둘은 사실 마주칠 일조차 없었지만, 자주 엮여서 언급된다. 물론 두 사람은 공통점이 많았다. 반유대사상을 가졌으며 채식주의자에다 동물애호가라는 점도 같다. 히틀러는 바그너의 음악을 사랑하고 그를 존경했기에 바그너의 곡을 공연하는 바이로이트 음악제에 참석할 뿐 아니라 적극적으로 후원했다. 히틀러는 연설할 때나 거리에서 행진할 때도 바그너의 음악을 틀었을 뿐 아니라 심지어 유대인들을 학살할 때도 바그너의 곡을 틀었다고 한다.

그렇다고 바그너를 비난할 수는 없는 일이다. 바그너가 아니어도 유대인에 대한 혐오 사상은 당시 유럽 정신 밑바닥에 흐르고 있었다. 때문에 히틀러는 반유대사상을 가졌을 가능성이 컸다. 그런 점에서 보면 사실 바그너처럼 작품 외의 것으로 작품성을 훼손당한 작곡가도 드물다. 안타까운 일이다.

# Tristan und Isolde

# 이뤄질 수 없는
# 사랑의 아픔

## 〈트리스탄과 이졸데 Tristan und Isolde 〉 1865
## 리하르트 바그너 Richard Wagner, 1813~1883

〈트리스탄과 이졸데〉의 곡들은 듣기가 좀 힘들다. 우울하고 음침해 기분이 축축 처져서 내용을 모른 채 음악만 들으면 고역이 따로 없다. 하지만 내용을 알고 들으면 묵직하게 깔리는 분위기에 동화될 것이다. 사랑해서는 안 될 사람을 운명적으로 사랑하는 아픔과 암담함, 죄의식, 두려움이 범벅되어 가슴을 짓누르는 내용이니, 거기에 깔리는 음악 또한 슬프고 먹먹하다.

바그너의 오페라를 처음 접한다면 드레스덴 버전의 〈탄호이저〉 서곡을 들어 보자. 잔잔하면서도 중후해서 마음을 가다듬을 때 들으면 좋다. 이후 〈트리스탄과 이졸데〉로 넘어가 즐기기를.

## 바그너와 운명적인 사랑

〈트리스탄과 이졸데〉는 바그너가 1857년부터 1859년까지 대본을 쓰고 작곡한 것으로, 그가 쓴 최초의 악극이다. 바그너가 대본을 썼지만 전부 창작한 것은 아니고 중세 음유시인이 들려주던 〈트리스탄과 이졸데〉라는 긴 서사시와 아일랜드에 전해 내려오는 트리스탄 전설을 바탕으로 했다. 꽤 방대한 이야기지만 뼈대를 발라 보면 트리스탄과 이졸데의 운명적인 사랑 이야기라고 할 수 있다.

트리스탄의 아버지이자 콘월의 왕 루누아는 전쟁터에서 목숨을 잃고, 남편 없이 아이를 낳은 그의 어머니는 아이에게 '슬픔'을 뜻하는 트리스탄이라는 이름을 지어 준다. 그리고 얼마 안 되어 숨을 거두고, 트리스탄은 고아가 된다. 하지만 외삼촌 마르케 왕이 그를 애정으로 돌봐 줘서 씩씩하고 늠름한 기사로 성장한다. 아내와 사별한 마르케 왕은 아들이 없던 터라 트리스탄을 아들처럼 기르며 후계자로

점찍는다.

트리스탄은 삼촌을 보위해 적국인 아일랜드에서 전투를 하다 크게 다치는데, 이졸데의 정성 어린 치료로 소생한다. 그 과정에서 둘은 서로에게 호감을 느낀다. 하지만 트리스탄은 이졸데가 적국의 공주임을, 이졸데는 트리스탄이 전쟁 중에 자신의 약혼자를 해친 자라는 것을 알게 되면서 긴장감이 흐른다.

콘월에 돌아온 트리스탄은 마르케 왕에게 아일랜드의 이졸데를 왕비로 맞을 것을 권한다. 자신과는 도저히 이뤄질 수 없는 사람이지만 가까이에서 기사도를 다해 충성하려는 생각이었다. 이에 마르케 왕은 트리스탄에게 아일랜드로 가서 신붓감인 이졸데 공주를 데려오라고 명한다.

오페라는 이졸데를 데리고 콘월로 가는 배 안에서부터 시작된다. 트리스탄은 이졸데를 보면 마음이 흔들릴까 봐 일부러 피하고, 이졸데는 트리스탄이 자신에게 마음이 없어서 마르케 왕과의 결혼을 추진하는 것이라 오해해 격분한다. 그래서 독이 든 술을 나눠 마시고 세상을 떠나려 한다. 그런데 약을 먹고는 오히려 주위의 시선도 아랑곳하지 않고 둘은 열렬한 사랑에 빠진다. 대체 어떻게 된 일일까? 사랑하지도 않는 적국의 왕과 결혼하는 딸이 안쓰러웠던 이졸데의 어머니가 사랑에 빠지는 묘약을 준비했는데, 이졸데의 시녀가 그 약을 독약 대신 넣어서 트리스탄과 이졸데가 나눠 마신 것이었다.

매혹적인 이야기면서 동시에 어디선가 본 적이 있는 얘기다 싶기도 하다. 로마신화에서 큐피드의 화살을 맞고 운명적인 사랑에 빠진 이야기와 비슷한 것 같은데? 게다가 사랑하면 안 되는 처지의 남녀가 사랑에 빠지는 모티프가 좀 많은가? 로미오와 줄리엣, 호동왕자와 낙랑공주 등 동서고금에 숱하다.

어쨌든 묘약을 들이킨 뒤부터 트리스탄과 이졸데는 주체할 수 없는 사랑의 감정을 느끼고, 그것은 주인공들을 기쁘게 하는 동시에 딜레마 속에 고뇌하게 한다. 운명적인 상대를 만나 사랑을 나누는 기쁨과 즐거움 뒤에, 그간 자신에게 은혜를 베푼 마르케 왕을 속여야 하는 트리스탄의 고뇌와 운명적인 사랑을 위해 남편을 속여야 하는 이졸데의 고뇌가 뒤엉킨다. 일반적인 상식과 도덕으로는 용납되지 않을 것을 뻔히 알면서도 운명적으로 짝지어졌기에 그 사랑을 벗어날 길도 없다. 그래서 한없이 서로에게 이끌리는 두 남녀는 주위의 시선과 자신의 고뇌 속에서 한층 더 비장한 사랑에 빠진다.

〈트리스탄과 이졸데〉에는 그 곡을 작곡할 즈음 바그너의 개인적인 경험이 녹아 있다. 바그너는 드레스덴 혁명 뒤 스위스 취리히로 망명을 떠나 경제적으로 고난을 겪었다. 부유한 상인 오토 베젠동크는 그를 돕고자 담장 너머 이웃

## 드레스덴 혁명

작센의 왕 프레데릭 아우구스투스 2세가 국회를 해산하고 민중이 요구하는 새 헌법을 거부하자 민중이 1849년 5월 3일부터 일주일간 폭동을 일으킨 사건.

집을 빌려줬는데, 베젠동크의 아내인 마틸데 베젠동크와 바그너가 사랑에 빠지고 만다.

젊고 아름다운 데다 교양 있는 그녀를 향한 바그너의 사랑은 갈수록 깊어졌고 그와 비례해서 고뇌도 깊어 갔다. 베젠동크는 1만 프랑이나 되는 바그너의 빚을 대신 갚고, 작은 극장을 합리적인 임대료만 받고 빌려주기까지 한 사람이었다. 이렇게 자신을 믿고 도와준 베젠동크의 아내를 사랑하는 것에 죄의식을 느낄 수밖에 없었다.

당시 바그너는 베젠동크의 원조를 받아 〈니벨룽의 반지〉를 작곡하면서 〈지크프리트〉 제2막을 쓰다가 갑자기 멈추고, 〈트리스탄과 이졸데〉를 작곡해 단숨에 완성했다. 사랑과 죄의식 사이에서 가눌 길 없던 마음을 〈트리스탄과 이졸데〉에 담아 완성한 다음 다시 〈니벨룽의 반지〉를 작업했다고 한다.

바그너는 그 외에도 사생활 문제로 사람들의 입에 자주 오르내렸다. 배우 민나 플라너에게 첫눈에 반해 23세에 결혼해서 25년간 법적 부부였지만 여러 여성을 마음에 뒀고 그중 적어도 두 번은 바람을 피우다 들통이 나기도 했다. 아내는 그를 떠나고 바그너는 두 번째 결혼으로 유럽의 음악계를 시끄럽게 했다. 새로 아내로 맞은 여인은 코지마 리스트로, 스물세 살이나 연하였다. 하지만 정작 구설에 오른 건 나이 차이 때문이 아니었다.

코지마는 작곡가이자 피아니스트로 유명한 프란츠 리스트의 딸이었다. 바그너보다 두 살 아래인 리스트는 바그너에게 너무나 고마운 친구였다. 파리에서의 불안정한 생활을 정리하고 1845년 드레스덴으로 돌아온 바그너를 위해 〈탄호이저〉를 무대에 올려 성공시킨 사람이 바로 리스트였다. 그런 귀한 친구의 딸을 아내로 맞았으니 문제가 될 수밖에.

그런데 더한 문제가 남아 있었다. 그녀는 당대 최고의 피아니스트이자 지휘자 한스 폰 뷜로의 아내였다. 뷜로는 바그너를 존경해 그의 음악이 초연될 때마다 지휘를 맡아서 했다. 그러니 사람들의 눈에 바그너는 같은 음악계에서 일하는 후배의 아내이자 친구의 딸을 꼬여 결혼한 망나니로 비쳤다. 리스트도 바그너와 한동안 인연을 끊었다가 세월이 지나면서 화해했다고 한다. 어쨌든 바그너와 코지마는 주변의 비난과 구설수에도 불구하고 여생을 함께했다.

바그너는 관습과 도덕을 무시한 파렴치한일까? 아니면 사랑을 위해 모든 걸 감수한 사랑꾼일까? 그들의 사랑이 도덕적으로 비난받을 만한 요소가 있음에도 〈트리스탄과 이졸데〉를 보노라면, 어쩌면 둘을 이해할 수 있을 것 같은 기분이 들기도 한다.

바그너와 코지마 사이에서 태어난 아이들의 이름을 들으면 바그너가 얼마나 일상에서도 작품에 빠져 살았으며 운명적인 사랑에 집착했는지 짐작할 수 있다. 딸의 이름은 이졸데, 〈트리스탄과 이졸데〉에 나오는 주인공 이름을 땄다. 아들은 〈발키리의 기행〉에 나오는 훈

덩의 아내 지글린데와 지그문트가 사랑해 낳은 아들 지그프리트와 이름이 같다. 그런데 지글린데와 지그문트는 몰랐지만, 원래 둘은 쌍둥이 남매였다. 이 또한 이뤄질 수 없고 이뤄져서도 안 되는 상대를 운명적으로 사랑하게 된 이야기다. 세상이 손가락질하든 말든 바그너는 자신과 코지마를 운명적으로 이어진 트리스탄과 이졸데, 지그린데와 지그문트로 여겼던 건 아닐까?

## 자신만의 극장을 짓다

바그너는 〈니벨룽의 반지〉를 작곡하면서 오래전부터 꿈꾼 일을 실행에 옮긴다. 그것은 자신만의 극장을 세워 자신의 악극을 음악제 형식으로 상연하는 것이었다. 원래는 뮌헨에 라인강을 끼고 무대는 물 위에, 객석은 강가에 배치할 생각이었으나 비용 문제를 해결하기 어려워 작은 도시인 바이로이트에 짓기로 했다. 바그너는 아예 그곳으로 이주했다. 공사 대금을 모으기 위해 그는 각 도시에 '바그너 협회'를 결성하고 독일 전역으로 모금 공연을 다녔다. 다행히 1874년 바이에른왕국의 루트비히 2세가 큰돈을 지원한 덕분에 순조롭게 공사가 마무리될 수 있었다.

당시 바그너를 후원한 루트비히 2세의 바그너 사랑은 유별났다. 루트비히 2세는 어릴 때부터 바그너의 오페라에 심취했고, 1864년 19세에 즉위하자마자 바그너를 초빙했다. 그간 정치적 문제와 채무로 유럽 각지를 전전하던 바그너는 인생이 한순간에 바뀌었다. 루트비히 2세는 바그너의 빚을 갚아 주고, 걱정 없이 창작할 수 있도록 거액의 연금을 주는 등 물질적 뒷받침을 하고 갖은 편의를 제공했다. 이때부터 바그너는 〈방황하는 네덜란드인〉과 〈트리스탄과 이졸데〉 등을 초연하고 〈니벨룽의 반지〉에 힘을 기울였다.

바그너는 음악 외적으로도 획기적인 일을 많이 벌였다. 그중 하나로, 자신만의 극장을 만들면서 새로운 시도를 했다. 좌우 박스석을 없애고 계단식으로 된 1층 객석만 두되 모든 좌석이 무대 정면을 향하도록 설계한 것이다. 관객이 무대에 집중하게 만들기 위해서였다. 19세기까지만 해도 오페라극장의 박스석에서는 공연을 보는 동안 음식을 먹고 마시며 낮은 소리로 잡담을 할 수 있었고, 남녀가 선을 보기도 했다. 바그너는 그 모습이 영 못마땅했던 듯하다. 수년간 피 말리며 창작한 작품이 상연되는데 관객이 산만하게 구는 것을 참을 수 없었나 보다. 그래서 극장 구조를 바꿔 버렸다.

빈부귀천을 떠나 모든 사람이 거의 같은 모습의 무대를 즐길 수 있다는 점에서 민주적 이상을 실현한 것처럼 보인다거나 귀족적 잔재를 없앴다거나 하는 해석이 있지만 그것은 좀 억지스럽다. 바그너는 권력과 재력을 가진 후원자들 덕에 창작을 계속할 수 있던 데다 사치를 즐긴 편인 만큼 부나 권력의 형평성에 민감하지는 않았던 것으로 보이기 때문이다.

바그너는 공연 중에 객석의 조명도 다 끄고 무대만 주목하게 했다. 당연한 상식 아닌가 싶겠지만, 이전에는 공연 중에 불을 켜놓았다. 그래서 오페라 대본을 펼쳐 읽으면서 공연을 감상하는 사람도 있고, 오페라글라스로 다른 관객들을 훔쳐보는 사람도 있었다.

오케스트라 단원만을 위한 공간인 오케스트라 피트orchestra pit 가 오늘날의 모습으로 굳어진 것도 바그너의 영향이다. 그 전에는 무대 위에 오케스트라가 함께 올랐는데, 바그너의 악극은 워낙 대작이라 규모가 큰 오케스트라가 오르기에는 무대가 좁고 산만해 보일 수 있었다. 그래서 무대 바로 앞에 오목하게 땅 밑으로 판 공간을 만들었다. 이게 바로 오케스트라 피트의 시작이다.

특이한 것은 바이로이트 극장에는 객석에서 오케스트라 피트가 전혀 보이지 않는다는 점이다. 객석이 1층뿐인 데다 오케스트라 피트의 대부분을 지붕으로 가렸기 때문이다.

왜 이렇게 설계했을까? 처음에는 객석의 조명과 보면대의 빛을 막으려고 가운데에만 덮개를 씌웠는데 1882년 〈파르지팔Parsifal〉 초연 때부터 전체를 덮었다. 오케스트라 피트에 덮개를 씌우면 콘트라베이스와 첼로 등 저음 악기의 음이 풍부하게 들리기 때문이다. 그래서 전체적으로 음산한 분위기를 일으키며 먼 데서 들려오는 듯한 부드럽고 신비한 소리가 난다.

## 문제적 인간이자 철저한 예술가

전 유럽을 뒤흔든 1848년 혁명의 연장으로 일어난 드레스덴 혁명에 바그너는 적극적으로 가담했다. 그러나 혁명 초기부터 이해관계가 일치했던 작센군과 프로이센군이 연합해 개입했다. 프로이센의 비스마르크만 떠올려 보아도 분위기를 알 수 있을 것이다. 당시 프로이센의 국회의원이던 비스마르크는 1848년에도 반혁명파였다. 강한 프로이센 만들기에 혈안이 돼 있던 때라 민주라거나 법 준수, 국민의 요구는 상대적으로 중요하게 여기지 않았다. 혁명은 작센과 프로이센 연합군의 무력으로 금방 진압되고 말았다.

바그너는 가까스로 도망쳤지만, 주동자로 찍혀 지명수배 전단이 거리 곳곳에 나붙었다. '드레스덴 궁정악장으로서 정부 전복을 목적으로 불순한 소란과 방화를 일으켰다'는 것이 수배 이유였다. 아슬아슬하게 위기를 모면한 바그너는 바이마르 궁정악장으로 있던 리스트의 도움을 받아 취리히로 도주했다.

그렇다고 바그너가 민주적 성향이 강했던 것 같지는 않다. 그가 드레스덴 혁명에 가담한 이유는 자신의 곡이 수년간 상연되지 않는데 불만을 품었기 때문이었다. 어쨌든 그렇게 망명자 신분이 된 바그너는 작센 정부로부터 체포 해제 처분이 내려질 때까지 12년간 스위스에 머물렀다. 그동안에는 작곡을 멈추고 주로 글을 썼는데, 이때 집필한 책이 예술철학을 담은 《오페라와 드라마Oper und Drama》라는 두꺼운 책이다.

한편, 같은 해에 태어나 활동 시기도 비슷한 베르디와 바그너는 이탈리아와 독일의 대표 작곡가로 비교되곤 한다. 선율이 유려하고 풍부한 감정을 실은 이탈리아 오페라와 달리 독일 오페라는 근엄하고 장중하며 철학적인 분위기가 나는 편이다. 바그너는 독립적인 독일 오페라를 개척하려 애썼으며, 자신의 오페라를 이탈리아 가극과 구별해 악극이라고 불렀다.

인생 전반에 걸쳐 충동적이고 감정적이며 제멋대로였던 바그너지만 악극과 예술을 대하는 마음과 자세만큼은 누구에게도 뒤지지 않을 만큼 투철했다. 〈탄호이저〉 파리 공연을 위해 리허설만 164회를 한 것만 봐도 알 수 있다.

1872년 그는 바이로이트 변두리에 큰 정원이 딸린 집을 짓고 반프리트Wahnfried라는 이름을 붙였다. '꿈꾸는 집' 또는 '광기가 잠드는 집'으로 해석할 수 있는데, 바그너는 "반프리트는 나의 환상이 평정을 찾은 곳이라는 의미"라고 밝혔다. 일상에서도 늘 작품 속인 것처럼 꿈꾸듯 살았던 바그너에게 딱 어울리는 이름이다. 바그너 사후에도 반프리트에는 그의 자손이 대대로 살면서 바이로이트 음악제 운영에 종사하고 있다. 또한 반프리트는 바그너 박물관이 되어 세계 각지에서 찾아온 관광객을 맞이하고 있다.

## 바이로이트 음악제란
## 무엇인가요?

바이로이트는 독일의 남북을 연결하는 교통의 요지에 있는 도시
야. 7만 명이 사는 작은 도시지만 해마다 7월에서 8월이면 전 세계
에서 온 사람들로 성황을 이루지. 바그너의 곡만 공연하는 바이로
이트 음악제가 열리기 때문이야.

바그너는 자신의 음악극만 연주하도록 지은 오페라극장인 바
이로이트 축제 극장에서 1876년부터 음악제를 열었어. 첫 공연은
〈니벨룽의 반지〉였지. 공연을 보려고 표도르 차이콥스키를 비롯한
유명 음악가와 왕족, 귀족이 유럽 각지에서 몰려왔대.

〈니벨룽의 반지〉는 연주 시간이 길기로 유명한 오페라야. 바이로
이트 극장에서 감상하려면 3시간씩의 막간 휴식시간을 빼더라도
18시간이나 걸리지. 전곡을 이어서 연주하고 감상하기는 무리니까
4부작을 한 부씩 쪼개 4일에 걸쳐서 상연하는데, 가장 긴 〈신들의
황혼〉은 6시간 35분이나 걸린대.

바그너는 전용 극장을 세우기 위해 오래도록 꿈꾸고 구상했어.
거기에는 이유가 있었어. 그의 오페라는 규모가 너무 커서 웬만한

규모의 오페라극장에서는 진가를 발휘할 수가 없었기 때문이었어. 100명이 넘는 단원이 연주하는 오케스트라단이 있어야 했고, 〈니벨룽의 반지〉의 경우에는 배경으로 인간계와 신계가 나오고 하늘과 땅과 저승, 게다가 물속까지 나오기 때문에 거대한 무대가 재빠르게 전환되어야 했어. 그래서 규모가 큰 극장, 자신의 오페라만을 상연하는 전용 극장을 짓게 된 거야. 물론 큰 비용이 필요했지만, 그의 영원한 후원자인 루트비히 2세의 전폭적인 지원을 받았기에 가능했지.

바그너가 살아 있을 때 시작된 바이로이트 음악제는 높은 인기를 끌며 오늘날에도 이어지고 있어. 그런데 공연을 보려면 대단한 노력이 필요해. 한 편의 공연 감상을 위해 일주일이 넘게 바이로이트에 체류해야 하는 데다 예약하기도 까다롭기로 유명하거든. 먼저 자기소개와 바그너 오페라를 봐야 하는 이유를 독일어로 쓴 뒤, 그 편지를 협회에 보내야 해. 전화나 이메일은 안 돼. 이렇게 번거로운데도 표를 구하려고 몇 년을 기다려야 할 정도라니, 놀랍지 않니?

# 6장

◆◆◆◆

# 팜파탈,
# 세상을 사로잡다

Carmen

# 팜파탈의
# 집시 여인

## 〈카르멘 Carmen〉 1875
## 조르주 비제 Georges Bizet, 1838~1875

〈카르멘〉에서 집시 여인 카르멘이 돈 호세를 유혹할 때 부른 〈하바네라 Habanera〉를 들어 보자. 독특하고 이국적인 선율의 이 곡은 1800년경 쿠바의 아바나 지역에서 탄생해 유행한 춤곡 스타일이다. 원래 스페인의 작곡가 세바스티안 이라디에르가 작곡했으나 비제가 작자 미상의 민요인 줄 알고 끌어다 편곡해 썼는데, 이후 작곡가의 존재를 안 다음에 출처를 밝히고 로열티를 지불했다고 한다.

탱고와 비슷한 절묘한 리듬에 관능적인 느낌이 물씬 나는 이 노래를 부르는 카르멘에게 호세는 마음을 빼앗기고, 카르멘이 그를 유혹하듯 꽃 한 송이를 던져 주면서 인연은 시작된다.

## 지순한 희생의 여성상

오페라에 등장하는 여성은 대개 지고지순하고 희생적이다. 상대 남성이 가볍고 제멋대로이며 방탕하고 문제를 일으켜도 그에게 한결같이 순정을 바치고 사랑만을 간절히 바라는 해바라기 같은 모습을 보인다.

〈탄호이저〉에 나오는 엘리자베트도 그렇다. 탄호이저가 방탕한 생활을 하다가 과거의 죄업을 씻기 위해 순례자의 길을 떠나 오랜 세월을 떠돌 동안 일편단심으로 그를 기다린다.

〈리골레토〉에 나오는 리골레토의 딸 질다 역시 매우 순수한 여인으로 그려진다. 아버지 때문에 세상과 격리되어 살아온 그녀는 접근하는 남성을 쉽게 믿고 사랑에 빠진다. 오래지 않아 질다는 자신이 사랑이라 믿어 의심치 않은 남성이 단지 그녀를 농락했을 뿐이라는 사실을 알게 된다. 하지만 그녀는 끔찍한 절망과 배신감 속에서도 원망은커녕 사랑하는 이를 대신해 자객의 칼을 맞고 죽는다.

그런데 이러한 여성상과는 사뭇 다른 여성이 언제부터인가 문학과 예술, 특히 오페라에 자주 모습을 드러냈다.

## 팜파탈 여성상

팜파탈femme fatale이란 단어가 있다. 여성을 뜻하는 프랑스어 팜femme에다 치명적이라는 뜻의 파탈fatale이 합쳐진 말로, 치명적인 매력으로 남성의 마음을 사로잡아 상처 입히고 그의 인생을 망치는 여성을 의미한다. 세계 곳곳에서 이런 여성의 이야기가 간간이 전해지는데, 당 현종을 미혹해 나라를 위태롭게 한 절세미인 양귀비나 의붓아버지 헤롯왕에게 사도 요한의 목을 달라고 청한 유대 공주 살로메 등이 있다.

19세기 말 프랑스에는 유행하듯 많은 작품에 팜파탈 성향을 지닌 여성이 등장했다. 오페라도 예외가 아니어서 이러한 여성상이 종종 눈에 띄는데, 〈카르멘〉의 주인공 카르멘은 타고난 매력과 도발적인 언행으로 남성을 매혹했다가 파멸시키는 팜파탈의 대표 격이라 할 수 있다.

1845년 프로스페르 메리메의 장편소설《카르멘》이 발표되자 프랑스의 시인이자 비평가 샤를 생트뵈브는 아베 프레보의 소설《마농 레스코》와 유사하다고 평했다. 아니나 다를까 읽어 보면, 한 남성이 치명적인 매력을 가진 여성을 만나 파국으로 치닫는 이야기를 기본 줄기로 하고 있어서 꽤 비슷해 보인다. 팜파탈의 여주인공과 얽히면서 인생이 꼬인 한 남성의 비극적인 이야기 말이다. 하지만 시간과 장소, 신분과 직업을 달리하면서 서로 다른 색깔과 향기를 품은 작품이 되었다.

## 〈카르멘〉 이야기

오페라 〈카르멘〉은 메리메의 소설 《카르멘》을 원작으로 대본 작가가 오페라 대본을 쓰고 비제가 곡을 붙여 만들었다. 이탈리아 오페라가 주도하던 당시에 프랑스에서 프랑스 작곡가가 프랑스어로 된 오페라를 작곡한 데다 프랑스 무대에 처음 올렸다는 의미가 있는 작품이다. 카르멘과 호세의 만남과 파국을 기본 줄거리로 하는 오페라 〈카르멘〉을 살펴보자.

세비야의 담배 공장에서 일하는 집시, 카르멘은 쉬는 시간에 공장 밖으로 나와 〈하바네라〉를 부르며 처음 본 기병대 하사관 호세에게 붉은 장미꽃 한 송이를 던져 주고는 공장으로 들어간다. 호

### 하바네라? 아바네라?

'Habanera'라는 단어를 두고 책에 따라 '아바네라'라고 쓰기도 하고 '하바네라'라고 쓰기도 한다. 표준국어대사전에 따르면 하바네라가 맞지만, 사실 아바네라가 원음에 더 가깝다. 스페인어에서 'H'는 묵음이라 발음을 하지 않는다. 쿠바의 수도를 'Havana'라 쓰고 '아바나'로 읽듯이, Habanera도 아바네라로 말한다. 비제의 〈카르멘〉은 프랑스어로 쓰였는데 프랑스어 발음으로도 아바네라에 가깝다.

세는 카르멘에게 묘하게 끌린다. 그에게는 이미 약혼자와 다름없는 미카엘라가 있음에도 말이다.

그런데 공장 안의 사소한 다툼이 말썽이 되어 카르멘은 동료 여공의 얼굴을 칼로 긋는 사고를 일으킨다. 폭행죄로 체포된 카르멘을 호송하는 책임을 맡은 호세는 두 팔이 묶인 카르멘을 경찰서로 데려가는 동안 카르멘의 유혹에 넘어가 그녀를 풀어 준다. 평소 말 없고 얌전한 사람이 한번 사고를 치면 크게 치듯.

이로써 반듯했던 호세의 인생이 꼬이기 시작해 카르멘을 도주시킨 죄로 감옥에 간힌다. 한 달 뒤 감옥을 나온 호세는 카르멘과 만나기로 한 술집 '릴리 파스티아'를 찾아가는데, 마침 카르멘을 찾아온 자신의 상관 주니가 기병대 대장과 말다툼을 하다가 칼로 그를 찌르고 만다. 기병대 하사관이 기병대 대장을 칼로 찔렀으니 호세는 이제 어쩔 수 없이 도망자 신세다. 호세는 카르멘의 집시 패거리와 함께 산속 밀수꾼의 소굴에서 살며 밀수를 비롯해 법 위반을 밥 먹듯 하게 되었다. 창창했던 직업군인으로서의 미래는 산산조각난 지 오래다.

그런데 어떡하면 좋을까? 문제가 생겼다. 사랑 하나만 바라보고 미래도 포기한 채 그녀 곁에 머무는 호세를 카르멘은 점점 멀리한다. 자유를 바라는 자신과는 맞지 않는 사람이라 느끼고 싫증이 난 것이다. 게다가 당시 최고의 투우사 에스카미요도 카르멘에게 반해 산속까지 찾아와 구혼하고 그녀를 투우장에 초대한다.

4막이 오르면 투우장 관객의 합창과 투우사들의 입장으로 활력이 넘친다. 붉은 천을 펄럭이는 투우사와 발굽으로 흙을 파헤치면서 씩씩대며 돌진하는 싸움소, 이에 열광하는 관객들의 모습이 눈앞에 그려지는 듯하다.

카르멘은 화려한 복장을 차려입고 투우장에 입장하는 늠름한 에스카미요와 사랑을 확인하는데, 마침 투우장에 찾아온 호세는 카르멘의 마음을 돌리기 위해 애원한다. 하지만 카르멘은 차갑게 거절한다. 격분한 호세는 이성을 잃고 카르멘을 붙잡아 단도로 찔러 죽인다. 정신을 차린 호세는 카르멘의 주검을 끌어안고 절규한다.

"오, 카르멘, 나의 사랑!"

한때 사랑했던 두 남녀가 어쩌면 이토록 비극적인 파국으로 치닫게 되었을까? 그것은 아마도 사랑에 대한 인식이 달랐기 때문이 아닐까. 자유분방하고 이기적인 카르멘과 어리숙하고 순진한 호세에게 있어 사랑은 사뭇 달랐다. 카르멘에게 사랑은 자유와 욕망이며 움직이는 것인데 비해, 호세에게 사랑은 상대방에 대한 집착이자 맹목이며 한결같은 것이었다.

삶과 사랑에 얽매임 없이 자유로웠던 카르멘은 허망하게도 그렇게 삶을 마감하고, 얌전하고 착실했던 호세는 돌이킬 수 없는 범죄자가 되고 만다.

## 집시의 이름으로

〈카르멘〉은 사랑과 삼각관계에서 오는 치정을 기본 뼈대로 하지만 작품에는 당대의 시대상도 담겨 있다.

안달루시아 출신의 정열적이고 요염한 집시 여인 카르멘부터 살펴보자. 집시란 무엇일까? 집시라는 단어를 들으면 왠지 현란하게 바이올린을 연주하는 남성이나 맨발로 탬버린을 흔들며 춤추는 여성의 이미지가 떠오른다. 〈카르멘〉의 〈하바네라〉뿐 아니라 요하네스 브람스의 〈헝가리 무곡〉과 파블로 데 사라사테의 〈치고이네르바이젠 Zigeunerweisen〉의 선율처럼 뭔가 자유롭고 낭만적이며 정열적인, 그런 느낌 말이다.

하지만 제삼자가 보기에는 자유를 마음껏 누리며 낭만적으로 사는 것처럼 보이는 집시도 사실은 이곳저곳을 옮겨 다니며 고된 노동으로 생계를 이어가는 최하층민이다. 자유나 낭만을 위해서가 아니라 먹고살기 위해 떠돌이 생활을 하는 것이다. 떠돌면서 닥치는 대로 일하기 때문에 상황이 좋지 않을 때는 밀수나 도둑질, 소매치기 등도 하다 보니 유럽에서 그들에 대한 인식이 나빠지는 악순환을 겪고 있다.

오늘날 집시는 루마니아와 프랑스를 중심으로 세계에 약 1,600만 명이 있는데, 2010년 프랑스의 니콜라 사르코지 대통령이 1,500명의 집시를 추방한 일이 있을 만큼 집시에 대한 박해의 역사는 계속

이어지고 있다.

집시는 원래 서남아시아에 살던 코카서스 인종에 속하는 유랑 민족이었으나 이슬람 세력에 쫓겨 유럽으로 흘러들었다. 유럽인은 이들을 이슬람인과 같이 취급해 박해했다. 프랑스의 루이 14세는 그들을 함선의 노예로 삼았고, 16세기 영국에서는 집시가 영국으로 이주하는 것을 금지했다. 스페인에서는 15세기에서 18세기에 걸쳐 열 차례나 집시 관습 금지법을 제정했고, 18세기 프로이센에서 집시는 재판도 없이 처형당했다.

그뿐만 아니라 제2차 세계대전 당시 히틀러를 비롯한 나치에 의해 유대인 말살 정책이 벌어질 때, 집시들 또한 인종 청소 대상으로 사망자 수가 최대 50만 명에 이를 정도로 무자비하게 희생된 참담한 역사도 있다. 이는 공공연하게 퍼진 집시에 대한 미움을 이용한 것이기도 했다.

앞서 〈카르멘〉이 파국으로 끝나는 것은 사랑에 대한 인식의 차이 때문이라고 했는데, 그 차이는 집시가 처한 이러한 상황과 관련이 없지 않다. '자유분방하고 이기적인 카르멘과 어리숙하고 순진한 호세'라고 말했지만, 그 또한 그들이 살아온 환경과 관습에 알게 모르게 길들여 있기 때문이었다.

핍박받으며 가진 것 없이 늘 떠돌아다녀야 할 운명인 카르멘에게는 사랑 또한 집착에서 벗어나야 하는 것이었다. 반면 보수적인 북부 바스크 지방 출신의 군인 호세에게는 사랑이 곧 상대방에 대한 책임과 의무, 때로는 집착까지도 의미했다. 이렇게 서로 다른 두 문화에서 살아온 남자와 여자가 만났으니 사랑이 순탄하게 굴러갈 리 없었다.

## 오페라코미크극장에서의 초연

오페라 〈카르멘〉을 본 철학자 프리드리히 니체는 "독일의 음습한 분위기를 단번에 날려 버리는 강렬한 태양 같은 음악"이라고 했다. 브람스도 〈카르멘〉을 초연된 첫해에만 20회나 관람할 만큼 좋아했다고 고백했다. 훗날 독일의 작곡가 리하르트 슈트라우스는 "오케스트레이션 기법을 제대로 공부하려면 〈카르멘〉의 악보를 연구하라. 음표 하나 버릴 것이 없다"라고 극찬했다.

이렇게 찬사가 쏟아진 비제 최고의 걸작이자 프랑스 오페라 전 작품을 통틀어 최고의 히트작임에도, 1875년 3월 3일 파리 오페라코미크극장에서 〈카르멘〉이 초연되었을 때 관객의 야유와 고함이 극장 안을 뒤흔들었다. 뭐 이런 오페라가 다 있냐고 화를 내면서 극장을 떠나는 관객도 있을 정도였다.

초연의 실패로 비제는 크게 낙심했다. 〈카르멘〉을 작곡하던 당시 비제는 그 작품이 결정적인 성공작이 되기를 간절히 바랐다. 비제는 19세에 뛰어난 신진 예술가에게 주는 '로마 대상'을 받아 이탈리아에 유학했고 몇 편의 오페라로 작품성도 인정받았지만, 대중의 폭발적인 사랑을 받은 히트작은 없는 상태였다. 그래서 〈카르멘〉을 작곡하는 동안 모든 역량을 쏟아 부으며 셀 수 없는 밤샘 작업을 했다. 그런데 퍼부은 노력에 비해 너무나 초라한 결과에 절망하고 말았다. 그는 초연 석 달 만에 서른여섯의 젊은 나이로 세상을 떠났다. 과로로 인한 심장병이 직접적인 원인이었지만, 〈카르멘〉 작곡으로 무리한 데다 기대 이하의 결과를 거둔 데 대한 실망도 원인이었을 거라는 평이 많다.

〈카르멘〉이 오늘날 대중에게 가장 사랑받는 오페라로 세계 곳곳에서 공연되는 것을 안다면 그는 저승에서나마 흐뭇한 미소를 짓지 않을까.

초연이 실패한 이유는 무엇일까? 당시 오페라코미크극장은 가족이 함께 나들이하듯 공연을 보러 가거나 맞선을 보고 뒤풀이 겸 여흥을 즐기는 곳이었다. 즐거운 마음으로 공연을 보는데 사회에서 최하층민으로 분류되는 집시들이 담배 공장 직공 또는 밀수꾼의 모습으로 나와 무대 위에서 거친 몸싸움을 벌이니 점잖은 관객들은 불편함을 느꼈다.

멀쩡하던 군인이 집시 여인에게 반해서 탈영하는가 하면, 그 집시 여인은 남의 인생을 망쳐 놓고는 춤추고 노래하고 다른 남성을 사랑하는 바람둥이다. 게다가 군인은 질투심에 휩싸여 그 여인을 죽이는 엄청난 내용이었다. 사람들은 〈카르멘〉이 너무나 사실적이고 직설적이라고 여겼다. 현실에서 벗어나 아름다운 낭만의 세계를 그려야 할 오페라로는 맞지 않다고 생각한 것이다.

무엇보다 카르멘이라는 인물상은 당시 관객의 눈에 너무 파격적으로 비쳤다. 다소곳하고 희생적인 청순가련형 여성상에 익숙한 관객에게 카르멘은 너무나 씩씩하고 강했다. 여러 남성을 홀릴 만큼 관능적이면서 비도덕적인 일도 서슴지 않는 인물, 불같은 매력을 가진 카르멘은 기존의 순종적인 여성상과 차별화되는 야성적인 캐릭터였다.

하지만 시간이 흘러 〈카르멘〉은 점차 인기를 끈다. 초연된 지 6년째가 되었을 즈음부터 3개 대륙, 15개 도시에 공연되었고 지금도 수많은 사람의 사랑을 받고 있다. 그뿐만 아니라 메리에의 소설 《카르멘》도 많은 사람의 관심을 받게 되어 그 소설을 소재로 삼아 열 편이 넘는 영화와 발레 작품이 만들어졌다.

## 담배 공장과 베리스모 오페라

〈카르멘〉은 베리스모verismo라고 하는 극단적 사실주의가 돋보이는 작품으로, 1820년경의 세비야를 배경으로 하층민의 삶과 현실을 적나라하게 보여 준다.

게다가 다양하고 이색적인 춤과 음악으로 관중의 눈과 귀를 사로

잡는다. 〈하바네라〉는 쿠바의 민속춤곡에서 따왔고, 수갑을 풀어주고 나중에 술집에서 만나자며 카르멘이 호세를 유혹할 때 부르는 〈세기디야Seguidilla〉는 스페인의 민속춤곡을 토대로 만들어졌다. 또한 플라멩코와 더불어 소용돌이치듯 열정적인 〈집시들의 노래〉, 박진감 넘치는 투우장의 상황이 생생하게 그려지는 〈투우사의 노래〉 등 드라마틱한 멜로디와 생기 넘치는 리듬의 노래로 가득해 공연 내내 관객의 이목을 끌고 분위기를 압도한다.

카르멘은 공장에서 담배를 만드는 노동자로 나온다. 담배의 원산지는 유럽이 아니다. 콜럼버스가 신대륙에 닿은 뒤 남미에서 유럽으로 담배를 들여왔다. 라틴아메리카가 스페인의 식민지였을 때 서인도 군도에서 경작한 잎담배가 아바나 항구에 모여 스페인으로 운송되었다. 유럽에서 담배가 인기를 끌자 스페인에서는 담뱃잎을 찌고 말려 궐련을 만들 담배 공장을 세웠다. 펠리페 5세 때의 일이었다.

당시 담배 공장의 노동환경은 열악했다. 바람도 잘 통하지 않는데다 여름이면 찌는듯 덥고, 겨울이면 얼어붙듯 추웠다. 이러한 극한 상황에서 인건비가 싼 최하층 노동자 계급이 생계를 위해 할 수 없이 담배 공장에서 일했는데, 그 노동자 대부분이 안달루시아의 집시였다고 한다.

그러니까 담배 공장은 소설이나 오페라를 위해 지어낸 것이 아니라 진짜로 있던 건물이다. 지금은 그 자리에 대학 건물이 들어섰지만 예전엔 유럽 최대의 담배 공장이 있었다고 한다. 마지막 장면에 나오는 투우 경기장도 멀지 않은 곳에 있다. 베리스모 오페라답게 배경도 실제 있던 것으로 써서 사실적인 느낌을 더했다.

# La Traviata

# 유럽 문화 속의
# 코르티잔과 팜파탈

## 〈라 트라비아타 La Traviata〉 1853
## 주세페 베르디 Giuseppe Verdi, 1813~1901

〈라 트라비아타〉의 주인공, 비올레타 발레리의 집에
서 열린 파티에서 많은 사람 속의 비올레타는 한층
생기 있고 아름답게 빛난다.

이전부터 비올레타에게 마음이 있던 알프레도는 가
까이에서 비올레타를 보게 되고, 파티의 분위기를 띄
우는 권주가勸酒歌를 부르며 사랑의 마음을 살짝 담았
다. 그것을 1절로 삼아 비올레타가 '짧은 인생, 쾌락
만이 제일'이라는 내용으로 2절을 부르며 화답한다.
경쾌하고 신나는 리듬의 노래가 울려 퍼지고 파티 분
위기는 무르익는다. 이후 아름다운 두 남녀는 서로에
게 호감을 갖고 사랑에 빠지지만 이야기는 녹록지 않
게 흐른다.

## 《동백꽃 여인》과 〈라 트라비아타〉

〈라 트라비아타〉는 이전의 베르디 오페라와 여러 면에서 다르다. 우선 〈나부코〉나 〈맥베스〉처럼 역사를 배경으로 한 대작이 아닌 남녀 간의 사랑을 다룬다는 점에서 새롭다.

'라 트라비아타'는 이탈리아어로 길을 벗어난 여성, 길을 잘못 든 여성, 타락한 여성을 뜻한다. 1853년 3월 베네치아 라 페니체 극장에서 초연된 이 오페라는 프랑스 작가 알렉상드르 뒤마 피스가 쓴 소설 《동백꽃 여인》을 원작으로 한다. '피스fils'는 프랑스어로 '아들'이라는 뜻이다. 아버지인 알렉상드르 뒤마 페르는 소설 《삼총사》, 《몬테크리스토 백작》 등을 쓴 작가로 유명하다. 두 사람 모두 뒤마라고 부르지만, 둘을 구별해야 할 때 아버지는 뒤마 페르, 아들은 뒤마 피스라 부른다.

《동백꽃 여인》의 줄거리를 살펴보자. 여주인공 마그리트는 외출

할 때면 흰 동백꽃이나 붉은 동백꽃을 가슴에 꽂거나 꽃다발로 들고 다닌다. 고급 창부인 그녀는 귀족 청년 아르망과 사랑에 빠지지만, 아르망 아버지의 반대로 안타까운 이별을 하고 비극적인 죽음을 맞는다.

작품에는 뒤마의 경험이 녹아 있다. 뒤마는 20세가 되던 1844년 파리의 한 극장에서 동갑내기 여성을 보고 첫눈에 반한다. 그녀는 마리 뒤플레시스라는 파리 사교계의 여왕이자 코르티잔courtesan이었다. 프랑스어 코르티잔은 흔히 고급 창부나 정부情婦로 번역되곤 하는데 약간의 설명이 필요하다. 코르티잔은 경제력이 있는 후원자로부터 호사스럽게 살 만한 생활비를 받고 그 대가로 지속적이고 친밀한 관계를 맺으며 애인 역할을 하지만, 돈을 준다고 아무와 밤을 보내지는 않는다.

뒤마가 뒤플레시스를 만났을 때 그녀에게는 이미 상당한 재력을 가진 후원자가 있었다고 한다. 하지만 뒤마에게 마리가 코르티잔인 것은 문제가 되지 않았다. 그도 아버지 뒤마 페르와 재봉사로 일하던 여성과의 사이에서 난 사생아 출신이라 사회의 멸시와 냉대를 당했기에 동병상련을 느꼈는지도 모른다. 문제는 돈이었다. 돈이 많지 않은 뒤마는 그녀의 집에 비밀리에 얹혀 살듯이 머물다가 결국 돈 때문에 자존심이 상해 헤어진 듯하다. 헤어지면서 그녀에게 쓴 편지에 "나는 바라는 만큼 그대를 사랑할 수 있는 부유한 사람은 아니지만, 그대가 원하는 만큼만 주는 사랑에 만족하는 가난뱅이도 아닙니다"라는 문구가 있었다니 말이다.

어쨌든 뒤마는 마리의 곁을 떠나 아버지를 따라 유럽 각지를 여행하다가 1847년 2월 파리로 돌아왔는데, 뒤플레시스가 몇 달 전에 폐결핵으로 스물셋의 나이에 죽었다는 소식을 듣는다. 이에 그는 호텔 방에 처박혀서 그녀를 애도하며《동백꽃 여인》을 썼다. 두 사람이 만나 몇 개월간 사귀고 함께 지냈다는 실제 연애 체험이 소설의 중심 줄기가 되긴 했지만 헤어졌다가 다시 만나고 또다시 헤어지는 부분에서는 픽션이 더해졌다. 여주인공이 폐병으로 죽는 마지막 부분도 뒤플레시스의 죽음을 뒤마의 관점에서 재해석한 것이다.

오페라는 코르티잔인 비올레타의 집에서 열리는 파티 장면으로 시작한다. 귀족 청년 알프레도는 파티에 와서 처음으로 비올레타를 만나는데, 파티에 참석한 사람들의 요청으로 권주가를 부른다. 이에 '파리 사교계의 꽃'답게 남성들에 둘러싸여 있던 비올레타가 답가로 2절을 부른다. 〈축배의 노래〉로 알려진 이 노래는 '청춘의 피가 끓어오르는 동안 인생을 즐기자!'는 내용의 권주가다. 비올레타는 알프레도를 만나면서 그의 진실한 마음을 알고 사랑하게 된다.

이후 비올레타는 사교계에 발을 끊고, 파리 교외에 둘만의 보금자리를 만들어 조용하고 행복한 생활을 즐긴다. 하지만 행복은 오래가지 않는다. 알프레도의 아버지 제르몽이 비올레타를 찾아와 그녀에게 알프레도를 위해 떠나 달라고 한다. 이에 비올레타는 고뇌하다가 결국 떠나기로 한다.

비올레타가 떠나자 알프레도는 그녀가 배신했다고 오해한다. 파리에 있는 비올레타를 찾아가 사람들 앞에서 모욕을 주고 다른 남성과 결투를 하다 일이 커져서 외국으로 피신하는데, 비올레타는 이전부터 앓던 병이 심각해진다. 아버지가 보낸 편지로 뒤늦게 진실을 알게 된 알프레도가 귀국해 비올레타를 찾아와 용서를 구하지만, 비올레타는 알프레도의 품에 안겨 숨을 거둔다.

## 베르디가 〈라 트라비아타〉를 쓰기까지

24세 때 쓴 《동백꽃 여인》으로 명성과 부를 거머쥔 뒤마는 소설의 성공에 힘입어 그것을 연극으로도 무대에 올렸다. 1852년 2월, 그 연극을 보고 감동해 오페라로 만들기로 결심한 사람이 있었다. 베르디였다. 그는 인생의 반려자인 주세피나 스트레포니와 파리에 머물고 있다가 연극을 봤는데, 대본도 만들기 전에 오페라 작곡부터 할 만큼 이야기에 마음을 빼앗겼다. 연극을 보는 내내 자신의 경험이 떠올라서였다. 스트레포니는 베르디가 27세 때 아내와 사별한 뒤에 만든 오페라 〈나부코〉에 출연한 소프라노 가수로, 베르디는 그녀를 만나 위안을 얻고 사랑에 빠졌지만 주변의 반대가 심했다.

연극 〈동백꽃 여인〉에서 사랑에 빠진 남녀가 소박하게 개인적인 행복을 추구하지만 아버지를 비롯한 주변 사람의 반대로 어려움을 겪는 것처럼, 베르디와 스트레포니도 사회의 인습이라는 높은 벽을 뼈저리게 느꼈다. 여주인공을 경멸하는 장면에서는 스트레포니가 결혼하지 않은 상태에서 아이 둘을 낳았다는 것을 문제 삼던 사람들이 떠올랐을 것이다.

특히 보수적인 이탈리아 북부의 부세토에서 그녀와 동거를 시작했을 때, 그녀는 2년 반 동안이나 공개적으로 따돌림을 받았다고 한다. 스트레포니는 주변의 따가운 시선과 외로움을 견디다 못해 일찌감치 은퇴하고 파리로 가버렸고 그녀를 잊지 못한 베르디는 그녀를 다시 만나고 헤어지기를 거듭했던 모양이다.

한편 극 중에서 마그리트가 자신의 보석과 물건을 팔아 부족한 생활비를 대는 장면에서는 젊은 시절 극도의 가난으로 허덕일 때, 사별한 부인 마르게리타가 아버지가 준 패물을 팔아서 월세를 냈던 옛날을 떠올렸을 것이다.

즉 베르디는 전체적으로는 세간의 시선과 인습으로 고통받는 스트레포니와 자신을 위해 오페라를 쓰기는 했으나, 오페라에는 사별한 아내와의 추억도 깃들어 있었다. 그래서 원작의 여주인공 이름인 마그리트를 쓰면 오페라 작품이 죽은 아내를 연상할 가능성이 있어서 비올레타라는 이름으로 바꿨을 것으로 보인다.

## 19세기 유럽 문화의 단면, 코르티잔

예술은 시대와 문화를 반영하기 마련이라 19세기 유럽, 특히 프랑스의 문학과 회화 등을 보면 여러 곳에서 코르티잔이 나온다.

1865년 에두아르 마네가 그린 〈올랭피아〉를 보자. 전라의 몸으로 다부지고 차분하게 정면을 쏘아보는 코르티잔의 모습이 그려져 있다. 곁에는 후원자가 배달한 듯한 꽃다발을 그녀에게 전하는 하녀가 보인다. 조르주 쇠라의 그림 〈그랑자트섬의 일요일 오후〉에도 코르티잔과 함께 오후를 즐기러 나온 신사의 모습이 그려져 있다.

샤를 보들레르의 시와 여러 소설가의 작품에도 코르티잔이 나타난다. 에밀 졸라의 소설 《나나》와 프레보의 소설 《마농 레스코》에 등장하는 여주인공도 코르티잔인데, 사치가 심한 그녀들에게 돈을 퍼부은 남성은 파산하거나 희망이 넘치던 장래와 직업을 망치고 투옥되기도 한다. 그렇게 상대 남성의 삶을 처절하게 망가뜨린다는 점에서 코르티잔은 팜파탈 같은 존재로 그려지는 경우가 많다.

오페라도 그렇다. 19세기에 이르러 절정에 이른 유럽의 낭만주의 오페라는 자코모 푸치니의 〈마농 레스코〉나 베르디의 〈라 트라비아타〉에 등장하는 여자 주인공처럼 코르티잔을 소재로 하는 경우가 많다.

　코르티잔은 가난하고 보잘것없는 집안 출신이지만 뛰어난 외모에 노래와 춤은 물론 문학과 미술, 화술에 능한 경우가 많았다. 당대의 거물 정치인, 사업가 등의 상류사회 남성과 비공식적인 파트너가 되려면 시사 지식과 교양도 갖춰 대화 상대로 손색이 없어야 했다.

　코르티잔은 19세기 예술 전반에 많이 나오지만, 그 전에도 역사적으로 유명한 코르티잔이 꽤 있다. 이들은 재치와 총명함, 당돌함을 무기로 권력 있는 남성 가까이서 세상을 쥐락펴락하기도 했다. 특히 마담 퐁파두르는 미천한 출신에다 유부녀였지만 루이 15세의 눈에 띄어 후궁의 자리에 오른 뒤, 프랑스의 예술 문화계에 한 획을 그은 인물이다. 그녀의 초상화에는 백과전서와 악보, 지구본 등이 소품으로 등장하는데, 그만큼 그녀가 지성이 있고 여러 방면으로 조예가 깊었음을 드러낸다.

　시대를 더 내려오면 "나는 파리의 마지막 코르티잔"이라고 고백한 코코 샤넬이 있다. 그녀는 후원자가 마련해 준 의상실과 모자 가게를 발판으로 세계적인 디자이너로 성장할 수 있었다.

　코르티잔은 사회적 편견 속에서도 빛나는 존재가 되기도 했는데, 시몬 드 보부아르에 따르면 코르티잔은 "속박 없이 말하고 행동하면서 남성과 거의 동등한 위치에서 여성으로서 유례없는 지적 자유를 누렸다." 여성의 사회적 활동이 막혀 있던 서구 역사에서 그나마 자유롭고, 부유하고, 힘을 가졌던 여성들이라는 평가도 있다.

오늘날 그 정도의 미모와 지성과 치명적인 매력을 가졌다면 충분히 성공하겠지만 여성이 전문 직업인으로 사회에 진출한 것은 역사적으로 꽤 최근에서야 가능한 일이었다. 오랜 역사 동안 여성은 남성을 통하지 않고서는 부와 지위와 권력을 차지할 방법이 전혀 없다시피 했다.

뛰어난 지적 능력과 필력을 갖추고서도 가부장적인 문화 아래 처절하게 시들었던 조선의 허난설헌과, 자유를 구가하며 한평생 원 없이 살다 간 듯하지만 세간의 이목과 멸시를 감당해야 했을 황진이의 삶이, 19세기 유럽 코르티잔의 삶에 겹쳐진다. 신분의 귀천을 막론하고 남성 중심의 사회에서 희생되었던 여성들이 말이다.

## 뛰어난 프리마돈나를
## 소개해 주세요

프리마돈나prima donna는 으뜸, 첫째라는 뜻의 'prima'와 숙녀라는 뜻의 'donna'가 합해진 이탈리아어로, 오페라에서 주역을 맡은 여가수를 일컫는 말이야. 오페라 무대를 한층 더 풍성하고 격조 있게 만든 대표적인 프리마돈나 두 명을 소개할게.

1923년 뉴욕에서 태어난 그리스계 미국인 마리아 칼라스는 '여신'이란 뜻의 'Diva'로 불릴 만큼 세계적인 프리마돈나였어. 오페라계에서 흔히 BC와 AC, 즉 Before Callas and After Callas칼라스 이전, 칼라스 이후라고 한다는 것만 봐도 그녀의 영향력과 존재감이 얼마나 대단한지 짐작할 수 있어. 그녀는 뛰어난 외모와 자태에서 우러나는 카리스마에다 변화무쌍한 목소리 연기로 많은 관객을 사로잡았지. 하지만 그리스의 선박왕으로 알려진 아리스토텔레스 오나시스를 만나 사랑에 빠지고, 오나시스가 미국 케네디 대통령과 사별한 재클린 케네디와 재혼하자 마음의 상처를 입고 무대와 멀어지다가 재기에 실패하고 세상을 떠났어.

칼라스는 1977년 향년 54세에 타계했지만, 그녀의 노래를 담은

178

LP판은 거의 전부 CD로 나와 있어서 언제든 감상할 수 있어. 마리아 칼라스의 노래를 듣다 보면 그녀의 천부적인 목소리와 표현력에 오소소 소름이 돋곤 해. 그녀가 활동을 더 오래했더라면 얼마나 좋았을까 하는 아쉬운 마음도 들고 말야.

한편 우리나라 출신의 세계적인 성악가로는 소프라노 조수미를 꼽을 수 있을 거야. 그녀는 성악에 관심이 많은 어머니 덕분에 배 속에서부터 마리아 칼라스의 노래를 들었대. 유복한 집은 아니었지만 어려서부터 피아노를 배웠고 성악으로 진로를 정해 공부하다가 이탈리아 산타 체칠리아 음악원을 2년 만에 졸업했어.

조수미는 베르디의 오페라 〈리골레토〉에서 질다 역을 맡아 세계 무대에 데뷔해 화제가 되었어. 특히 세계적인 지휘자 헤르베르트 폰 카라얀에게 발굴되어 '신이 내린 목소리'라는 극찬을 받은 것으로 유명해. 그녀를 아꼈던 카라얀은 1989년 오스트리아의 잘츠부르크 페스티벌에 올릴 베르디의 〈가면무도회〉에 조수미를 캐스팅했어. 그녀는 오스카 역으로 녹음까지 마치지만 카라얀은 갑작스러운 죽음을 맞이하고 말았어.

그녀는 지금도 세계를 무대로 왕성한 활동을 펼치면서도 우리나라의 크고 작은 행사에 기꺼이 참석하는 애국자로도 유명해. 여러 장의 음반은 물론 책도 내고 방송에도 출연하곤 했으니 더 알고 싶다면 여러 매체를 잘 살펴보도록 해.

# 7장

◆◆◆◆

# 유럽,
# 동양에 매혹되다

# TURANDOT

# 차이나 루트와
# 시누아즈리

〈**투란도트** Turandot〉1926
**자코모 푸치니** Giacomo Puccini, 1858~1924

〈투란도트〉에서 가장 유명한 곡은〈네순 도르마 Nessun
dorma〉, 즉〈공주는 잠 못 이루고〉다. 이 아리아는 루치
아노 파바로티가 즐겨 불렀을 뿐더러 TV와 영화에서
도 사랑받고 있다. 영화〈파파로티〉에서도 암흑가에
몸담고 있던 장호 이재훈 분가 상처 난 얼굴에 눈물이 그
렁한 채 이 노래를 불러 감동을 안겼다.

'네순 도르마'를 높게 한 번, 낮게 한 번 부르는 것으
로 시작해 아름다운 선율이 이어진다. 마지막에는 테
너로서 거의 최고음인 3옥타브 위의 '시' 음계에 해
당하는 음으로 '빈체로 vincero'를 우렁차고 당당하게
외친다. "아침이 밝으면 내가 최후의 승리자가 될 것
이다!"라는 외침이다.

## 〈투란도트〉 이야기

1926년 4월 25일 라 스칼라 극장에서 초연된 〈투란도트〉는 푸치니의 작품 중에서도 가장 완벽한 오페라이자 19세기 이탈리아 오페라 전통을 간직한 마지막 작품이라고 평가받는다.

〈투란도트〉는 원래 페르시아에서 전해 내려오는 옛날이야기로, 그 이야기를 8세기 이탈리아 극작가가 연극으로 만들었고, 이 연극을 실러가 각색했다. 이것을 다시 이탈리아 대본 작가 주세페 아다미와 레나토 시모니가 오페라 대본으로 만들고, 푸치니의 손을 거쳐 오페라로 탄생한 것이다. 이렇게 여러 사람의 마음을 끌었던 〈투란도트〉는 어떤 이야기일까?

전설 시대, 중국 북경에 절세미녀로 유명한 투란도트 공주가 있었다. 그녀의 미모에 반한 많은 남성이 구혼했지만, 그녀는 남성혐오증이 있었다. 먼 옛날 궁전에 쳐들어온 타타르군의 젊은이가 왕녀를 잔인하게 능욕하고 죽였기에 원한이 맺혀 있었다. 그래서 자기가 낸 수수께끼 3개를 푸는 사람과 결혼하되, 한 문제라도 못 맞히면 사형에 처하겠다고 밝혔다.

열세 명이 도전했다가 형장의 이슬이 되어 사라진 이후 어느 날, 조국을 잃고 떠돌던 타타르의 왕자 칼라프도 투란도트의 치명적인 아름다움에 끌려 수수께끼에 도전하기로 결심한다. 왕자의 아버지 티무르와, 티무르를 시중 들던 하녀 류는 조국을 잃고 방황하다 군중 속에서 칼라프와 만난다. 칼라프를 남몰래 사랑한 류와 티무르가 칼라프를 걱정해 투란도트의 수수께끼에 도전하지 말라고 말리지만, 소용이 없다.

냉랭한 얼음공주답게 투란도트는 작정하고 난해한 수수께끼들을 내지만 칼라프는 답을 맞혔다. "그대에게 불을 붙이는 얼음은?"이라는 마지막 수수께끼에 칼라프는 "투란도트"라고 답했고, 승리했다.

투란도트는 난감해한다. 이름도 모르는 자와 결혼할 수 없다며 황제에게 묘책을 달라고 한다. 하지만 황제도 투란도트가 지나치게 가혹하다고 여겼는지 약속은 신성한 거라며 단호히 거절한다. 이에 칼라프는 투란도트에게 제안한다. 그녀가 동이 트기 전에 자기의 이름을 알아맞힌다면 그녀와의 결혼은 없는 일로 하고 자신의 목숨까지 바치겠지만, 그러지 못하면 공주가 마땅히 자기의 아내가 되어야 한다고.

그날 밤 아무도 자기 이름을 알 수 없으리라고 확신한 칼라프는 유명한 아리아, 〈네순 도르마〉를 부른다. 우리나라에서는 〈공주는 잠 못 이루고〉라는 의역된 제목으로 알려졌지만 원래 제목을 직역하면 '아무도 잠들 수 없다No one can sleep'는 뜻이다. 칼라프의 이름을 알아내기 위해 궁전 안 모두가 혈안이 되어 깨어 있는 것을 두고 하는 말이다. 밤이 지나 새벽이 오면 자신이 승리할 것을 믿은 왕자는 "가라, 밤이여. 별들이여, 빨리 사라져라. 사라져라, 별들이여. 새벽이면 내가 승리하리라"라고 노래한다.

밤이 되어 핑, 팡, 퐁이라는 대신 셋이 칼라프의 이름을 알아내려고 갖은 방법을 쓰지만 소용이 없자 티무르와 류를 끌어내 왕자의 이름을 밝히려 한다. 하지만 이들이 대답하지 않자 티무르를 고문하라고 지시한다. 이에 류는 자신만이 왕자의 이름을 안다고 나선다. 티무르가 아들의 이름을 모를 리 없지만 류가 그렇게 나선 이유는 자신이 방패막이 되어 티무르를 보호하기 위해서였다. 이에 투란도트는 그녀를 고문하지만 류는 고통을 겪으면서도 끝내 칼라프의 이름을 밝히지 않는다. 의아해진 투란도트가 류에게 왜 이런 고통을 감수하느냐고 묻자, 류는 그것은 바로 사랑의 힘이라며 아리아 〈사랑은 강하도다〉를 노래하고 옆에 있는 병사의 칼을 빼 스스로 목숨을 끊는다.

칼라프는 그녀의 죽음 앞에 무릎을 꿇고 슬퍼한다. 이후 칼라프는 투란도트의 얼굴을 가린 베일을 찢고 눈물을 흘리며 〈죽음과 같은 공주여! 얼음과 같은 공주여!〉를 부른다.

여기까지! 여기까지가 푸치니가 쓴 것이다. 지독한 골초였던 푸치니는 후두암을 앓다가 세상을 떠났다. 그의 죽음으로 〈투란도트〉는 미완으로 남았다.

## 〈투란도트〉의 결말, 푸치니의 개인사

유작을 완성하는 책임은 푸치니의 제자 프랑코 알파노에게 떨어졌다. 그는 푸치니가 직접 마무리하지는 못했지만 남은 부분을 짐작케 하는 스케치 22장을 바탕으로 작품을 완성했다. 하지만 완성본을 본 토스카니니가 푸치니보다 알파노의 느낌이 진하게 묻어난다는 이유로 곤란함을 표하자 100마디 이상을 줄여 전체를 마무리했다고 한다.

〈투란도트〉가 초연된 날, 토스카니니는 류가 죽음을 맞는 장면까지 지휘한 뒤 갑자기 지휘봉을 내려놓고 객석을 향해 돌아섰다. 그러고는 북받쳐 오르는 감정을 간신히 억누른 채 "푸치니 선생의 펜이 꺾인 지점이 바로 여기입니다"라고 관객에게 알렸다. 안 그래도 그들이 사랑한 작곡가의 유작을 보고 있다는 생각에 감정이 복잡하던 관객은 너나없이 울음을 터뜨렸고 객석은 울음바다가 되었다고 한다.

한편 알파노가 완성한 뒷부분의 이야기는 어떻게 되었을까? 칼라프는 투란도트에게 키스를 퍼붓고, 얼음처럼 차갑게 굳어 있던 공주의 마음도 녹아내린다. 투란도트는 〈넘치는 눈물〉이라는 아름다운 아리아를 부르고, 칼라프는 자신이 티무르의 아들이자 타타르의 왕자라고 밝힌다.

날이 밝고 광장에는 군중이 모여 있다. 투란도트는 황제에게 칼라프의 이름은 '사랑'이라고 한다. 이에 사람들은 꽃을 뿌리며 사랑의 기쁨을 노래한다.

그런데 이 행복한 결말이 좀 뜬금없다 싶은 마음이 든다. 류가 칼라프를 보호하기 위해 갖은 애를 쓰다가 투란도트의 냉혹함 때문에 죽었으니만큼, 푸치니가 살아서 계속 썼다면 갑작스러운 해피엔딩보다는 그 사이에 다른 설정을 첨가해서 관객이 거부감 없이 받아들이도록 완급 조절을 했을 것 같다.

그렇게 생각하게 되는 배경에는 푸치니와 관련된 이야기가 한몫한다. 교통사고를 크게 당한 푸치니는 도리아 만프레디라는 16세 여성을 집에 들여 간호를 받으며 5년간 함께 지냈는데, 푸치니의 아내 엘비라가 푸치니와 도리아 사이를 의심했다. 푸치니와 도리아는 결백을 주장했지만, 엘비라는 믿어 주지 않았다. 오히려 도리아를 쫓아내고 푸치니와 도리아가 불륜을 저질렀다고 여기저기에 소문을 내기까지 했다. 억울함을 풀 길 없던 도리아는 독약을 마시고 고통 속에 신음하다가 세상을 떠나고, 이 일로 푸치니는 아내를 용서하기 힘들어했다.

작품 속 냉혹한 투란도트를 보면 푸치니의 아내가, 지고지순하지만 슬픈 종말을 맞는 하녀 류를 보면 도리아가 연상된다. 푸치니는 생애 마지막에 〈투란도트〉를 쓰면서 아내의 냉혹함과 도리아의 억울한 죽음을 떠올렸을 것이다. 이처럼 알려진 그의 사생활과 관련된 이야기 때문에라도 그의 제자가 이어서 쓴 행복한 결말이 어색하게 여겨진다.

## 오페라에 스며든 중국 선율과 무대

푸치니는 평소 동양 문화에 관심이 많았다. 〈투란도트〉에도 곳곳에 동양풍이 스며 있다. 특히 류가 부르는 〈주인님, 들어주세요!〉와 〈얼음장 같은 공주님 마음도〉에는 동양의 오음 음계 어법과 서양의 화성이 알맞게 조화되었다는 평을 받는다. 이게 무슨 말일까? 서양의 음계는 피아노의 희고 검은 건반이 말해 주듯 반올림이나 반내림이 있다. 반면 동양에서는 궁상각치우宮商角徵羽라는 다섯 개의 온음계를 주로 사용하는데, 거기에 일정한 법칙에 따른 화음의 연결인 화성을 서양식으로 녹여 내었다는 말이 되겠다.

푸치니는 〈투란도트〉의 배경이 북경인 만큼 중국풍의 선율이 느꺼지게 하려고 애썼다. 중국 민속 선율을 몇 가지 사용했는데, 그중 일부는 작곡가의 지인이 가지고 있던 오르골에서 멜로디를 딴 것이라고 한다. 또한 징을 비롯한 타악기를 추가로 배치해 이국적인 분위기를 살렸다.

〈투란도트〉의 무대도 살펴보자. 북경을 배경으로 한 것은 음악에서의 독특함이나 신비감 외에 특별한 볼거리를 제공한다는 면에서도 효과가 있었을 것이다. 오페라라는 장르 자체가 종합 예술적인 성향이 있어서 무대 위에 작품 하나를 올리자면 음악은 물론, 배경이 되는 무대 세팅과 등장인물의 의상, 소품 등 여러 요소도 중요한 감상 포인트가 된다. 그러니 유럽인이 늘 보고 듣던 것과 다른 이국적인 소재가 무대에 오르면 관객으로서는 새롭고 낯선 볼거리가 되었으리라고 짐작할 수 있다.

〈투란도트〉의 무대는 얼마나 화려한지 모른다. 자금성을 의도한 건지 무대를 꽉 채우도록 커다랗게 중국의 성이 설치되어 있다. 황금색 기와지붕이 보이고 붉은색과 금색이 휘황찬란한 동양식 복식과 왕관도 볼거리다. 꿈틀대는 커다란 용 문양이 새겨진 기둥이며 해태상이 곳곳에 자리하고, 커다랗게 휘갈긴 한자로 채워진 표지판을 들고 서 있기도 한다. 한자를 몰라도 그 글자들이 먼 동양 어느 나라의 글자라는 것만 알면 그것으로 충분했다. 낯선 세계에 대한 동경을 채워 주기에는 말이다.

푸치니는 북경을 배경으로 하는 〈투란도트〉뿐 아니라 일본 나가사키를 배경으로 하는 〈나비 부인〉도 만들었다. 유럽과 멀리 떨어져 있는 동양을 배경으로 택한 이유는 무엇이었을까? 무턱대고 고른 우연은 아니었다. 그 과정에는 동양에 대한 호기심과 동경이라는 당대 유럽의 시선이 숨어 있다. 어찌 된 일일까?

한때 유럽에서 수많은 사람이 동양 세계에 정신없이 빠져든 시기가 있었다. 1850년대쯤 시작되어 점차 심해지더니 20세기가 눈앞에 닥칠 때쯤에는 신비로운 동양에 대한 관심이 전에 없이 왕성해졌다. 특히 예술 분야에 관심이 가장 강해졌다. 중국과 일본의 도자기를 비롯해 회화, 벽화, 조각, 복식, 건축, 서예, 문학이 유행의 복판에 있었다.

## 유럽 궁전에 '차이나 룸'이 있는 까닭

오페라 〈투란도트〉의 극작과 음악에는 당시 유럽을 휩쓴 시누아즈리chinoiserie라는, 중국에 대한 뜨거운 선망이 반영되어 있다. 유럽인의 눈에 비친 중국은 어떤 나라였을까?

유럽에 중국이 알려진 것은 1,000년 전 중국의 비단과 도자기를 통해서였다. 오래도록 숨겨 온 비단 제조법이, 결혼해 중앙아시아로 간 중국의 공주에 의해 새어 나간 뒤 새롭게 떠오른 교역품은 도자기였다.

비단이 실크로드를 열었듯 도자기는 바다의 실크로드 격인 차이나 루트 China route 또는 세라믹 로드 Ceramics road를 열었다. 중국은 흙을 잘 다루는 민족으로 알려졌고, 기술적으로나 미적으로 완성도 높고 신비로운 중국의 도자기는 엄청난 인기를 끌었다.

중국산 도자기는 값비싼 수입품이라 왕실 사람과 귀족처럼 부유한 사람들만 누릴 수 있는 사치품이었는데, 그 시대의 군주들은 도자기를 '하얀 황금'이라고 부르며 매우 좋아하고 아꼈다. 그 결과 '진나라'에서 유래한 영문명 '차이나 China'는 '도자기의 나라'를 뜻하게 되었다. 그래서 첫 글자 'C'를 소문자로 쓰면 그 자체가 '도자기'라는 의미가 되었다.

중국 도자기를 사다 유럽에 팔기 위해 포르투갈은 희망봉을, 스페인은 대서양과 태평양을 건너 지구 반 바퀴를 돌아야 했다. 그렇게 공들여 들여온 도자기들은 유럽의 황실과 귀족이 앞다퉈 사서 차이나 룸, 즉 도자기 방을 채워 나갔다.

17세기 포르투갈의 산토스, 프랑스의 베르사유, 오스트리아의 쇤부른, 독일의 산스시, 샤를로텐부르크 궁전에는 중국 자기와 타일로 화려하게 장식한 방이 만들어졌다. 지금도 그곳에는 도자기 방이 남아 있어서 관광객의 발길을 끌고 있다. 유럽의 황제들은 이곳에서 중국식 차 모임을 하거나 가면극을 열었다. 또한 전통 의상을 걸쳤으며, 병풍과 침대에 중국인의 모습을 그려 넣으며 중국풍을 즐겼다고 한다.

이렇듯 당시 유럽인에게 중국은 신비한 자기를 만드는 기술을 가진 선진국이자 동경의 대상 그 자체였다. 게다가 먼 곳에 있어 잘 모르기 때문에 더 신비로운 나라였다.

# MADAMA BUTTERFLY

# 일본의 개항과
# 자포니즘

〈**나비 부인** Madama Butterfly〉1904

**자코모 푸치니** Giacomo Puccini, 1858~1924

유럽인은 마르코 폴로 이래 1800년대 말까지 일본에
대한 강렬한 호기심과 환상을 갖고 있었다. 일본의
우키요에라는 그림이 유럽 화단에 큰 영향을 끼치기
도 했다. 또한 상상 속 일본 여성에 대한 동경과 정복
욕은 제국주의가 만연하던 시기 유럽 남성 사이에서
더 커졌고, 널리 퍼진 자포니즘 속에 오페라〈나비 부
인〉도 한 자락을 차지했다.

〈나비 부인〉의 배경인 나가사키는 당시 네덜란드인
을 비롯한 외국인이 드나들도록 허용된 일본 내 유일
한 곳이었기에 일본과 바깥세상을 이어 주는 곳으로
유럽에 알려졌고, 서구의 소설과 희곡, 오페라에 배
경으로 나오게 되었다.

## 〈나비 부인〉이 탄생하기까지

오페라 〈나비 부인〉의 이야기부터 살펴보자.

몰락한 집안의 딸 초초상은 나가사키에 주재한 미 해군 중위 핑커턴과 결혼한다. 주변에서는 미군의 불장난일 거라며 말리지만 초초상은 사랑을 믿으며 결혼하고 이후 사람들은 그녀를 마담 버터플라이, 즉 나비 부인이라 부른다.

얼마 뒤 핑커턴은 미국으로 돌아가 미국 여성과 결혼한다. 그 사실도 모르고 나비 부인은 아들과 함께 핑커턴이 돌아오기만을 애타게 기다린다. 3년이 지난 어느 날 핑커턴은 미국인 아내를 데리고 나가사키로 돌아온다. 남편이 돌아온다는 말에 설레던 나비 부인은 사연을 알고는 모든 것을 단념하고 아들을 남편에게 보낸 다음 단도로 자결한다. 뒤늦게 핑커턴이 자신의 잘못을 깨닫고 슬퍼한다.

먼저, 초초상은 뭐고 나비 부인은 뭘까? 초초상의 '초초'는 일본

말로 '나비'를 뜻한다. '상'은 상대를 높여 부르기 위해 뒤에 붙이는 접미사다. 본명은 아니고 가부키를 하는 게이샤로 일할 때 쓰는 예명쯤 되었을 것이다. 그 초초상이 미국인과 결혼해서 나비 부인이라고 불린 것이다.

내용을 보면 베트남전을 배경으로 하는 뮤지컬 〈미스 사이공〉이 떠오를 만큼 둘은 많이 닮았다. 〈미스 사이공〉을 만들 때 〈나비 부인〉에 착안해 만들었기 때문이다. 시대와 장소는 달라도 비슷한 일이 꽤 벌어진 모양인지, 실화에 바탕을 둔 대동소이한 이야기가 종종 보이곤 한다. 1887년 프랑스의 소설가이자 해군 장교였던 피에르 로티가 일본 나가사키에서 게이샤인 현지처와 잠깐 살림을 차렸는데, 그때의 경험담을 《국화 부인Madame Chrisanthmen》이라는 소설로 출간한 적도 있다.

한편 푸치니는 1900년 6월 런던 코번트 가든 오페라극장에서 공연되는 자신의 오페라 〈토스카Tosca〉를 참관하려고 런던에 머물던 중에 미국 극작가 데이비드 벨라스코의 단막극 〈나비 부인 – 일본의 비극〉을 보게 되었다. 벨라스코의 희곡은 존 루서 롱이라는 소설가가 쓴 소설 《나비 부인Madame Butterfly》을 원작으로 했다. 미 해군 장교가 일본에 파견 나와 게이샤를 아내로 두고 자녀도 낳지만 곧 '진짜' 아내와 결혼하기 위해 고국으로 돌아간다는 이야기였는데, 당시 서양 세계는 이 이야기에 열광했다. 이탈리아어를 쓰는 푸치니는 영어를 쓰는 무대에서 벌어지는 사건의 대략적인 요점밖에 이해하지 못했지만, 흥행 감각이 남달랐던 그는 〈나비 부인〉에 영국 관객이 열광하는 것을 보자마자 오페라로 만들어도 충분히 성공하리라고 직감했다.

## 자포니즘과 우키요에

푸치니의 〈투란도트〉에 중국 열풍인 시누아즈리가 연상된다면, 일본 나가사키와 〈나비 부인〉은 어떤 현상과 맞물릴까?

〈나비 부인〉의 배경이 나가사키라고 하면 '원자폭탄이 떨어진 나가사키'에서 이야기가 진행되는 것으로 오해하는 이들이 있다. 하지만 그 일은 제2차 세계대전의 끝 무렵인 1945년의 일이니 〈나비 부인〉과는 상관이 없다.

그 전에도 나가사키는 서양인에게 널리 알려져 있었다. 예로부터 외국에 문호를 개방해 유럽인이 많이 드나들었기 때문이다. 나가사키에서 은을 반출해 서양으로 가져갔는데, 그 양이 어마어마했다고 한다. 그래서 17세기에도 많은 배가 오갔고 그중에서도 전 세계를 상대로 배를 타고 다니면서 교역한 네덜란드인이 많이 드나들었다. 나가사키 시가지 남쪽의 데지마섬은 일본의 쇄국 시대 유일한 무역 상대국이었던 네덜란드인의 거류지였다. 데지마섬을 드나들던 배가 항해 도중 궂은 날씨로 난파해 우리나라 해안까지 휩쓸려 온 자들이

하멜, 박연 등이다.

19세기 일본에 대한 열풍 현상은 자포니즘japonism이라 부른다. 일본을 일컫는 'Japan'에 어떤 생각, 주의, 사상, 현상이란 뜻의 어미 '-ism'을 붙여서 만든 단어다. 프랑스식 발음으로는 자포니즘, 영어식 발음으로는 재퍼니즘이라 한다.

서양에서 일본에 대한 최초의 기록 역시 중국과 마찬가지로 마르코 폴로의 《동방견문록》에서 찾을 수 있다. 마르코 폴로는 일본을 '지팡구'라고 했는데 그것이 오늘날 일본의 영문 나라명인 'Japan'의 시작이었다고 한다. 일본은 금이 많은 나라로 적혀 있다. "궁전은 순금 지붕으로 덮여 있고 궁전 바닥에도 손가락 2개 두께의 금이 깔려 있다"라는 대목이 있다. 교토에 금각사라는 절이 온통 금박으로 뒤덮여 있어서, 그걸 보고 쓴 글이라는 설도 있다. 하여간 마르코 폴로의 글을 읽은 유럽 사람은 지팡구에 가면 황금을 얻을 거라는 환상에 가득 찼다. 그것이 콜럼버스의 신대륙 탐험으로 이끈 동력이 되었다.

1862년 영국에서 열린 만국박람회에 전시된 우키요에 판화, 직물, 청동 제품, 칠기, 법랑 등은 유럽에 색다른 영감을 불어 넣는 계기가 되었고 일본을 부자 나라로 만들었다.

1870년대를 전후해 파리 화단에도 자포니즘이 몰아쳤다. 그 영향을 받은 화가로 빈센트 반 고흐, 클로드 모네, 에두아르 마네, 에드가 드가, 오귀스트 르누아르, 카미유 피사로, 구스타프 클림트 등이 거론될 만큼 주류에서도 크게 유행했다. 서구 화단에서 환영받은 일본 물품으로 에도시대 서민의 삶을 그린 우키요에가 있었다. 특히 고흐는 우키요에에 심취해 그림을 모사하며 연습하곤 했다. 없는 살림에도 우키요에 477점을 수집했다고 하니, 애착을 짐작할 만하다.

시누아즈리가 도자기로부터 시작된 현상인 데 비해 자포니즘은 도자기뿐만 아니라 일본의 미술로 유럽을 강타했다.

## 〈나비 부인〉에 드러난 이국적 정서

〈나비 부인〉에는 자포니즘이 어떻게 나타났을까? 우선 초초상과 핑커턴의 혼례 장면에 일본 국가의 단편과 일본 민요 〈높은 산에 올라 내려다보니〉에서 빌려 온 악절이 등장한다. 서로 다른 문화권의 음악이 서로 겹치고 얽히면서 앞으로 다가올 일을 암시하고, 초초상의 친척인 본조 스님이 등장하는 장면에서는 동양풍의 온음이 곳곳에 흘러나온다.

푸치니는 〈나비 부인〉을 작곡하면서 어떻게 하면 관객이 들었을 때 '일본 것이구나' 하고 느낄 수 있을지 고민했다. 그래서 일본인 소프라노 가수를 자기 집에 머물게 하면서 곡을 만들었다. 아내가 펄쩍 뛰어도 아랑곳하지 않고 기모노를 입은 일본 여성과 음악 이야기를 나누며 산책하는 모습이 사람들 눈에 자주 띄었다고 한다. 그는 정통 일본 음악을 연구하고 일본풍의 선율을 직접 만들어 내기도 했다. 푸치니의 전기를 쓴 모스코 카너에 따르면 〈나비 부인〉에서 일본 선율을 7개 찾아냈다고 한다. 일본 문화를 뒤로하고 핑커턴의 문화로 가까이 다가간 나비 부인에게 서양풍의 음악이 주어지곤 한 것도 푸치니가 세심하게 헤아려 넣은 대목이다.

이토록 고심해 작품을 만들었지만 1904년 2월 17일 라 스칼라 극장에서 초연된 〈나비 부인〉은 참담한 실패로 끝났다. 몇 가지 짐작할 만한 이유는 있었다. 극의 이미지상 나비 부인은 가냘픈 동양 여인의 분위기가 나야 하는데, 이목구비가 또렷하고 시원시원한 데다 몸매가 통통한 편인 로지나 스토르키오라는 소프라노 가수가 나비 부인 역을 맡았으니 분위기가 좀 안 났다. 게다가 그녀는 당대의 유명 지휘자 토스카니니의 애인이라는 소문이 파다했다. 관객은 그녀에게서 버림받은 일본 여인을 느끼기 힘들었다. 게다가 달랑 2막이어서 하나의 막이 너무 길었다.

가장 큰 원인은 푸치니의 연이은 성공을 시기한 음악계의 숙적들이 그의 공연을 훼방 놓으려고 작당한 데 있다. 그들은 여주인공을 조롱하고 사랑의 이중창을 비롯한 많은 대목에서 야유하거나 휘파람을 불어 관객이 극에 몰입하기 어렵게 했다.

공개 망신을 당한 푸치니는 분한 마음을 삭이며 몇 가지를 수정했다. 2막을 3막으로 쪼개고 3막에 핑커턴의 아리아를 작곡해 넣었다. 두 번째 공연부터는 푸치니의 예상대로 큰 인기를 끌었고, 이후 유럽 각지의 오페라극장에서 인기 있는 레퍼토리로 자리 잡게 되었다. 푸치니는 일본에 간 적은 없었지만, 상상력과 예술성을 동원해 나가사키 같은 음악과 분위기를 만들어 냈다.

## 일본의 개항 이후

낭만주의자들이 신비로운 동양의 이미지를 머릿속에 넣고 즐거워할 때, 밖으로는 서양 제국주의자들이 총포를 앞세워 동양과 아프리카를 침탈한 것도 생각해 볼 문제다. 1820~1850년대에 낭만주의자들이 현실도피의 하나로 '여기가 아닌 다른 곳, 다른 시간'을 동경하던 그 시기와 그 직후에 정작 중국과 일본은 제국주의의 침략 앞에 이루 말할 수 없는 수모와 고난을 겪었다.

쇄국정책을 펴던 일본은 매슈 페리 제독이 이끄는 네 척의 미국 군함에 의해 1854년 미일화친조약을 맺고 개항하게 된다. 일본 정치 내부적으로도 큰 변화가 있었는데, 250년간 이어지던 막부 정치가 막을 내리고 메이지 천황이 1868년 일본의 통치권을 장악한 것이다.

메이지 천황은 산업화를 장려하고 근대식 군대를 창설해 극동 전체를 지배하겠다는 야심을 불태웠다. 서양식 학교를 세우고 서양 문물을 적극적으로 받아들인 결과, 머리카락을 짧게 자르고 양복과 드레스를 입는 것은 물론 서양인처럼 큰 키와 강건한 몸을 갖기 위해 육고기를 먹자는 풍조까지 생겼다. 그래서 크게 유행한 음식이 돈가

스였을 정도로 서구화가 일상이 되었다. 이와 비례해 서구에서도 일본 문화가 빠르게 흘러들었다.

1858년 일본의 개항이 있은 지 2년 뒤인 1860년에는 영국과 프랑스 연합군이 제2차 아편전쟁 끝 무렵이던 청나라를 공격했다. 많은 사람이 목숨을 잃었고 유구한 역사를 자랑하는 중국의 문화유산이 파괴되었다. 원명원 파괴가 그 대표적인 사례다. 영국과 프랑스는 150년 역사의 화려하게 아름답고 웅장했던 원명원의 귀중품을 약탈하고 파괴하고 불을 질렀다.

서구의 침략을 받은 중국과 일본의 대응은 달랐다. 중국과 달리 열심히 서구를 모방하고 산업화에 성공한 일본은 중국을 침략했다. 그것이 1894년에 일어난 청일전쟁이다. 그 사이에 낀 우리나라 조선의 헤아릴 수 없는 고통은 한국사 시간에 배워 다들 이미 알 것이다. 쇄국정책으로 버텼으나 결국 서구와 일본의 더러운 침략으로 먹잇감이 된 조선의 아픔을 비롯해 당대의 이런저런 생각에까지 이르노라면 〈나비 부인〉은 그 줄거리뿐만 아니라 작품 외의 역사적 사건들로 마음 아프고 씁쓸하게 느껴진다.

## 유명한 오페라극장을
## 소개해 주세요

우선 밀라노에 있는 라 스칼라 극장은 〈나부코〉, 〈나비 부인〉, 〈투란도트〉를 초연한 무대로 유명해. 지금은 극장 앞에 레오나르도 다빈치 석상이 내려다보는 넓은 광장이 있지만, 원래는 비좁은 골목에 있었대. 극장 외관은 작고 소박한 편이야. 하지만 극장 안은 화려한 샹들리에와, 귀족에게 분양해 건축비를 마련했다는 박스석으로 화려하고도 고급스러운 분위기가 나. 건물 안에 오페라 박물관도 있어. 저녁 무렵이면 정장을 차려입은 밀라노 멋쟁이들을 비롯한 전 세계 관객으로 무척 붐비지.

다음은 파리에 있는 팔레 가르니에 오페라극장이야. 이 극장은 건축 설계 공모로 당선된 로마 유학 출신의 건축가 샤를 가르니에가 지어서 팔레 가르니에라고 불러. 때로는 모양에 착안해 '파리의 웨딩케이크'라는 별명으로 부르기도 해. 객석 천장에는 유명 오페라의 장면을 그린 마르크 샤갈의 천장화가 있어 시선을 끌지. 한편 옛날 바스티유 감옥이 있던 자리에 새로 건축한 바스티유 오페라 극장이 개관한 뒤로 팔레 가르니에에서는 주로 발레를 상연하게 되었어. 하지만 아직도 파리 국립 오페라단, 발레단이 상주하는 곳인 데다 뮤지컬 〈오페라의 유령〉의 배경으로 설정되어 그 이름이 더 널리 알려졌지. 5번 방과 지하 수로는 특히 유명해.

영국에는 런던 로열 오페라극장이 있어. 코번트 가든 시장에 위치해서 '코번트 가든'이라는 별칭으로 더 유명하지. 1958년 개관했으며 로비를 넓히는 등 대대적인 개보수를 거쳐 1999년에 재개관했어. 뮤지컬 〈빌리 엘리어트〉에서 주인공 빌리가 입단했던 영국 로열 발레단의 본거지이기도 해.

오스트리아의 빈 슈타츠오퍼도 빠질 수 없지. 1935년부터 카니발 시즌에 열리는 오페라 무도회 장소로도 유명해. 1955년 다시 문을 열면서 로열 박스석을 헐어 저렴한 입석으로 만들었다고 해.

미국 뉴욕에는 정말 큰 오페라극장이 있어. 맨해튼에 있는 메트로폴리탄 오페라극장은 줄여서 간단히 매트<sup>Met</sup>라고도 부르지. 1880년 4월에 건립되었는데 4,000명도 넘게 수용할 수 있어.

그리고 우리나라에는 서울에 자리한 예술의 전당과 우리나라 최초의 오페라 전용 극장인 대구오페라하우스도 있어. 예술의 전당은 우리나라 최대 규모의 종합예술센터야. 음악당, 미술관, 야외극장 등 세계적인 수준의 시설이 있어. 오페라극장도 있는데, 예술의 전당에서 자체 제작한 작품을 무대에 올리기도 해. 한편 대구오페라하우스는 기업에서 지역 문화와 예술 발전을 위해 건립한 뒤 2003년 대구시에 기증한 오페라극장이야.

참고 자료

## 도서

고종환 지음, 《오페라로 배우는 역사와 문화》, 푸른사상, 2010

금난새 지음, 《금난새의 오페라 여행》, 아트북스, 2016

금난새 지음, 《금난새의 클래식 여행》, 아트북스, 2012

김대현·신지영 지음, 《법정에서 만난 역사》, 창비, 2015

김도윤 지음, 《수프림 오페라》, 살림, 2014

김민주 지음, 《50개의 키워드로 읽는 북유럽 이야기》, 미래의창, 2014

김학민 지음, 《오페라 읽어주는 남자》, 명진출판, 2001

김혜정 지음, 《시대별로 본 오페라》, 도솔, 2006

나카노 교코 지음, 모선우 옮김, 《오페라처럼 살다》, 큰벗, 2016

남궁원·강석규 엮음, 《연표와 사진으로 보는 세계사》, 일빛, 2003

닉 킴벌리 지음, 김병화 옮김, 《오페라와의 만남》, 포노, 2013

닐 게이먼 지음, 박선령 옮김, 《북유럽 신화》, 나무의철학, 2019

다비드 르레 지음, 박정연 옮김, 《오페라의 여왕, 마리아 칼라스》, 이마고, 2003

대한성서공회 성경 편집팀 엮음, 《공동번역 성서》, 대한성서공회, 2015

말테 코르프 지음, 김윤소 옮김, 《아마데우스 모차르트》, 인물과사상사, 2007

문호근 지음, 《청바지 입은 오페라》, 개마고원, 2004

미야자키 마사카쓰 지음, 노은주 옮김, 《지도로 보는 세계사》, 이다미디어, 2005

밀턴 브레너 지음, 김대웅 옮김, 《무대 뒤의 오페라》, 아침이슬, 2004

박종호 지음, 《내가 사랑하는 클래식》, 시공사, 2004

박종호 지음, 《박종호에게 오페라를 묻다》, 시공사, 2007

박종호 지음, 《불멸의 오페라 1》, 시공사, 2005

박종호 지음, 《불멸의 오페라 2》, 시공사, 2007

박종호 지음, 《불멸의 오페라 3》, 시공사, 2015

박종호 지음, 《유럽음악축제 순례기》, 한길아트, 2005

배영수 엮음, 《서양사 강의》, 한울, 2007

변혜련 지음, 《몬테베르디》, 한국학술정보(주), 2010

보마르셰 지음, 민희식 옮김, 《피가로의 결혼》, 큰글, 2010

손영호 지음, 《테마로 읽는 세계사 산책》, 학지사, 2008

수잔 그리핀 지음, 노혜숙 옮김, 《코르티잔, 매혹의 여인들》, 해냄, 2002

수잔 와이즈 바우어 지음, 정병수 그림, 최수민 옮김, 《교양 있는 우리 아이를 위한 세
　계역사 이야기 4》, 꼬마이실, 2005

슈테판 츠바이크 지음, 안인희 옮김, 《슈테판 츠바이크의 메리 스튜어트》, 이마고,
　2008

스티븐 존슨 지음, 이석호 옮김, 《바그너, 그 삶과 음악》, 포노, 2012

신성희 지음, 《클래식을 알면 퓨전이 보인다》, 문예마당, 2003

신혜련 지음, 《오페라와 뮤지컬》, 일송미디어, 2014

에드워드 사이드 지음, 박홍규 옮김, 《오리엔탈리즘》, 교보문고, 2015

역사미스터리클럽 지음, 안혜은 옮김, 김태욱 지도, 《한눈에 꿰뚫는 세계사 명장면》,
　이다미디어, 2017

오비디우스 지음, 이윤기 옮김, 《변신이야기 2》, 민음사, 1998

이근삼 지음, 《연극개론》, 문학사상사, 2004

이보경 지음, 《오페라홀릭》, 창해, 2015

이영숙 지음, 《옷장 속의 세계사》, 창비, 2013

이용숙 지음, 《오페라, 행복한 중독》, 예담, 2003

이장직 지음, 김언경 그림, 《70일간의 음악 여행》, 새터, 1994

이장직 지음, 《오페라 보다가 앙코르 외쳐도 되나요?》, 서울대학교출판문화원, 2012

이장직 지음, 《음악회 가려면 정장 입어야 하나요?》, 서울대학교출판문화원, 2012

이재규 지음, 《모차르트 in 오스트리아》, 예솔, 2009

이지은 지음, 《귀족의 은밀한 사생활》, 지안, 2006

이채훈 지음, 《클래식 400년의 산책》, 호미, 2015

이헌석 지음, 《열려라, 클래식》, 돋을새김, 2003

전수연 지음, 《베르디 오페라, 이탈리아를 노래하다》, 책세상, 2013

정연심 지음, 《세상을 바꾼 미술》, 다른, 2016

조르디 시에라 이 파브라 지음, 변선희 옮김, 《어린이를 위한 오페라 이야기》, 느림보, 2003

조병선 지음, 《클래식 법정》, 뮤진트리, 2015

조우석 지음, 《굿바이 클래식》, 동아시아, 2008

조윤선 지음, 《미술관에서 오페라를 만나다》, 시공사, 2007

줄리언 헤일록 지음, 이석호 옮김, 《푸치니, 그 삶과 음악》, 포노, 2017

진회숙 지음, 《오페라-무대 위의 문학》, 니케북스, 2016

천수림 지음, 《북경살롱》, 에디션더블유, 2013

최영옥 지음, 《영화가 사랑한 클래식》, 다연, 2016

코엔 크루케 지음, 정신재 옮김, 《오! 오! 오! 오페라!》, 명진출판, 2010

페르난도 아르헨타 지음, 훌리우스 그림, 유혜경 옮김, 《길라잡이 음악사 2》, 책빛, 2014

프리드리히 실러 지음, 홍성광 옮김, 《빌헬름 텔·간계와 사랑》, 민음사, 2011

필리프 고트프루아 지음, 최경란 옮김, 《바그너: 세기말의 오페라》, 시공사, 1998

한이혜원 지음, 김진호 그림, 《오페라는 누구나 즐길 수 있다》, 여백(여백미디어), 2014

한지영 지음, 《클래식 공감》, 토마토북, 2004

한창호 지음, 《영화와 오페라》, 돌베개, 2008

허영한 지음, 《오페라에 빠지다》, 아이세움, 2008

헨리크 입센 지음, 곽복록 옮김, 《중학생이 보는 페르귄트》, 신원문화사, 2013

홍승찬 지음, 《오, 클래식》, 별글, 2017

황지원 지음, 《오페라 살롱》, 웅진리빙하우스, 2013

Marvin Perry, 《A HISTORY OF THE WORLD》 revised edition, Houghton Mifflin Company, 1988

## 웹사이트

<교수신문> "예술특집_이탈리아 오페라와 독일 오페라의 차이" 이용숙
  http://www.kyosu.net/news/articleView.html?idxno=7359
<PD저널> "[클래식, 400년의 여행㉔] 민족 음악의 물결: 베르디, 베버, 바그너" 이채훈
  http://www.pdjournal.com/news/articleView.html?idxno=60545
<매일경제> "Firenze in '냉정과 열정 사이 Calmi Cuori Appassionati' 천 년의 찬란
  한 도시, 복원된 아름다운 사랑" 정유진
  https://www.mk.co.kr/news/culture/view/2018/08/544148/
스위스 관광청 https://www.myswitzerland.com/ko/
네이버캐스트 "오페라 교실 32, 몬테베르디" 이용숙
네이버 오늘의 클래식 "바그너와 현대 오페라 편" 이용숙
네이버 지식백과 "18세기의 오페라 부파" (서양음악사 100장면, 가람기획)
  "마치니" (Basic 중학생을 위한 사회 용어사전, (주)신원문화사)
  "발키리" (두산백과)
  "비제" (오페라 교실)
  "비제, 카르멘" (클래식 명곡 명연주)
  "빌헬름 텔" (인명사전, 민중서관)
  "스위스의 중세 역사" (스위스 개황, 외교부)
  "에티오피아" (두산백과)
  "투란도트" (명작 오페라 해설, 삼호뮤직)
  "피가로의 결혼" (두산백과)

교과 연계

## 고등학교 ♪✓

### ◆ 통합사회

VIII. 문화와 다양성
 1. 세계의 다양한 문화
 2. 문화 변동의 양상과 전통문화의 의의
 3. 문화 상대주의와 보편 윤리

### ◆ 세계사

Ⅰ. 인류의 출현과 문명의 발생
 3. 문명의 발생과 4대 문명

IV. 유럽·아메리카 지역의 역사
 2. 유럽 세계의 형성과 동요
 3. 유럽 세계의 변화
 4. 시민 혁명과 산업 혁명

Ⅴ. 제국주의와 두 차례 세계 대전
 4. 제국주의와 민족 운동
 5. 두 차례의 세계 대전

### ◆ 동아시아사

Ⅲ. 동아시아의 사회 변동과 문화 교류
 2. 교역망의 발달과 은 유통

IV. 동아시아의 근대화 운동과
 반제국주의 민족 운동
 6. 새로운 국제 질서와 근대화 운동
 7. 제국주의 침략 전쟁과 민족 운동
 8. 서양 문물의 수용

### ◆ 음악

Ⅰ. 함께 노래하는 음악
 4. 음악극 이야기

IV. 감상으로 만나는 음악
 2. 서양 음악사

찾아보기

**오페라와 함께하는 사회탐구**

초판 1쇄 2019년 10월 7일
초판 2쇄 2021년 7월 30일

**지은이**  이영숙

**펴낸이**  김한청
**기획편집** 원경은 차언조 양희우 유자영
**마케팅**  최지애 설채린 권희
**디자인**  이성아
**경영전략** 최원준

**펴낸곳** 도서출판 다른
**출판등록** 2004년 9월 2일 제2013-000194호
**주소** 서울시 마포구 동교로27길 3-12 N빌딩 2층
**전화** 02-3143-6478 **팩스** 02-3143-6479 **이메일** khc15968@hanmail.net
**블로그** blog.naver.com/darun_pub **페이스북** /darunpublishers

ISBN 979-11-5633-265-7 43900